编撰工作委员会

主　任：刘春延

副主任：王常青

委　员：邹庆浩　郑欣民　赵玉涛　吴学瑞　王光华

　　　　安长明　于士涛　李俊魁

编　写　组

主　编：刘春延

副主编：王常青　李俊魁

成　员：苏立娟　赵　珊　李　金　张红威　李永东

　　　　林树国　董长春　崔　萌　张　扬

不负青山不负人

学习践行塞罕坝精神

国家林业和草原局管理干部学院　编著

人民出版社

卷 首 语

55年来，河北塞罕坝林场的建设者们听从党的召唤，在"黄沙遮天日，飞鸟无栖树"的荒漠沙地上艰苦奋斗、甘于奉献，创造了荒原变林海的人间奇迹，用实际行动诠释了绿水青山就是金山银山的理念，铸就了牢记使命、艰苦创业、绿色发展的塞罕坝精神。他们的事迹感人至深，是推进生态文明建设的一个生动范例。全党全社会要坚持绿色发展理念，弘扬塞罕坝精神，持之以恒推进生态文明建设，一代接着一代干，驰而不息，久久为功，努力形成人与自然和谐发展新格局，把我们伟大的祖国建设得更加美丽，为子孙后代留下天更蓝、山更绿、水更清的优美环境。

——2017年8月14日，习近平总书记对河北塞罕坝林场
建设者感人事迹作出重要批示

我国人工林面积世界第一，这是非常伟大的成绩。塞罕坝成功营造起百万亩人工林海，创造了世界生态文明建设史上的典型，林场建设者获得联合国环保最高荣誉——地球卫士奖，机械林场荣获全国脱贫攻坚楷模称号。希望你们珍视荣誉、继续奋斗，在深化国有林场改革、推动

绿色发展、增强碳汇能力等方面大胆探索，切实筑牢京津生态屏障。塞罕坝林场建设史是一部可歌可泣的艰苦奋斗史。你们用实际行动铸就了牢记使命、艰苦创业、绿色发展的塞罕坝精神，这对全国生态文明建设具有重要示范意义。抓生态文明建设，既要靠物质，也要靠精神。要传承好塞罕坝精神，深刻理解和落实生态文明理念，再接再厉、二次创业，在实现第二个百年奋斗目标新征程上再建功立业。

——2021年8月23日，习近平总书记在河北省塞罕坝机械林场考察调研时的重要指示

目　录

前　言

塞罕坝是习近平总书记一直牵挂于心的一片土地，这里创造了荒原变林海的人间奇迹，提供了推进生态文明建设的生动范例，印证了习近平总书记"人不负青山，青山定不负人"的重要论述。

2017年8月，习近平总书记专门对塞罕坝林场建设者感人事迹作出重要批示指出，河北塞罕坝林场的建设者们听从党的召唤，在"黄沙遮天日，飞鸟无栖树"的荒漠沙地上艰苦奋斗、甘于奉献，创造了荒原变林海的人间奇迹，用实际行动诠释了绿水青山就是金山银山的理念，铸就了牢记使命、艰苦创业、绿色发展的塞罕坝精神。2021年8月，习近平总书记亲赴塞罕坝林场考察，强调要传承好塞罕坝精神，提出塞罕坝精神是中国共产党人精神谱系的组成部分，充分体现总书记对塞罕坝精神的高度重视。2022年8月，在习近平总书记考察塞罕坝林场一周年之际，国家林业和草原局召开弘扬塞罕坝精神座谈会，重温习近平总书记重要指示批示精神，提出要大力弘扬塞罕坝精神，推动塞罕坝林场"二次创业"和我国林草工作高质量发展。

国家林业和草原局管理干部学院肩负着林草系统干部教育培训重任，有责任开展塞罕坝精神的研究阐释，有义务推动塞罕坝精神的宣传弘扬。2022 年以来，国家林业和草原局管理干部学院专门成立工作专班，围绕课题、课程、教材等，深入开展塞罕坝精神系列研究，取得一系列积极成果。在此基础上，研究团队深入挖掘塞罕坝林场史料史实背后的思想内涵，力图把握塞罕坝精神的主题主线、主流本质，力争突破学科界限，力求多角度、多层次解读塞罕坝精神，编写完成了本书。

本书坚持理论与实践相统一、历史与逻辑相统一，尤其注重将习近平新时代中国特色社会主义思想的立场观点方法贯穿其中；坚持论从史出、史论结合，深入挖掘相关人物事件，注重史料的真实与全面，注重论述的客观与严谨，注重表达的规范与准确。全书分为六章：第一章，从历史角度，生动描绘塞罕坝天翻地覆的生态蝶变；第二章，从实践角度，总结凝练塞罕坝精神百炼成钢的峥嵘历程，深刻剖析成就精神硕果的丰厚沃土；第三章，从理论角度，阐释塞罕坝精神的丰富内涵；第四章，从现实角度，分析塞罕坝精神的时代价值；第五章，强调厚植于心，在增强理想信念中弘扬塞罕坝精神；第六章，强调深耕于行，在建设生态文明中践行塞罕坝精神。

在编写出版过程中，国家林业和草原局党组高度重视和关心，局规财司、科技司、人事司、机关党委、宣传中心等单位积极支持，中宣部、人民出版社、中央党校（国家行政学院）、北京大学、河北省林业和草原局等单位有关领导和专家给予大力指导，塞罕坝机械林场提供了大量宝贵史实和档案资料。此外，中国碳汇基金会杨超理事长全程倾力指导，国家林业和草原局管理干部学院原常务副院长陈道东、中国野生动物保护协会秘书长严剑、国家林业和草原局合肥专员办专员陈立桥、塞罕坝机械林场第一代创业者正高级工程师张树珊对本书内容进行了细致审阅，塞罕坝机械林场王龙同志为本书提供了大量精美图片。在此，谨对所有给予本书帮助支持的有关单位和同志们表示衷心感谢！

本书努力以严谨科学的观点、通俗生动的文字、图文并茂的形式，较为全面地理解把握塞罕坝精神的深刻内涵和精髓要义，编写定位力求契合生态文明建设战线的广大干部群众学习需要。我们希望以此激发广大林草工作者以及各行各业干部群众，积极投身生态文明建设伟大事业、培养发展林草行业新质生产力、加快推进实现人与自然和谐共生的中国式现代化，在新时代新征程上继续书写不负青山不负人的崭新答卷！

在编撰此书时，我们力求做到叙史准确、线索清晰、语言流畅。然而，要以深刻、精准而生动的形式解读塞罕坝精神实非易事，本书只能算作一次大胆尝试和初步探索。由于水平有限，书中难免有疏漏和不妥之处，敬请广大读者、各界同行批评指正。

编 者

2025 年 5 月 28 日

第 一 章

天翻地覆的生态蝶变

　　"塞罕坝"是蒙汉合璧语，由蒙古语"塞堪达巴罕色钦"译音演变而来，意为"美丽的高岭"，地处浑善达克沙地南缘，是滦河、辽河两大水系的发源地之一，北部、西部与内蒙古自治区赤峰市克什克腾旗和多伦县相邻，南部、东部分别邻接承德市御道口牧场和围场县四乡两镇，地理坐标为东经 116°32′ ～ 118°14′，北纬 41°35′ ～ 42°40′。塞罕坝位于内蒙古高原与冀北山地交会处，海拔 1010 ～ 1940 米，是暖温带向中温带过渡、半湿润气候向半干旱气候过渡区，极端最高气温 33.4℃，极端最低气温 –43.3℃，年均气温 –1.3℃，积雪长达 7 个月，每年无霜期 64 天，年降水量 479 毫米，年大风日数 53 天，植被上是由夏绿阔叶林向草原过渡。夏季气候凉爽，空气清新，平均温度 20℃；秋季层林尽染，漫山遍野的枫叶，溢金流丹；冬季皑皑白雪，玉树冰花，一派北国风光，被誉为"水的源头、云的故乡、花的世界、林的海洋、鸟兽的天堂"。

📖 图说塞罕坝

塞罕坝地理位置图（源于塞罕坝官网）

层林尽染的塞罕坝

第一节　历史上的"千里松林"

塞罕坝历史悠久，最早可追溯至一万余年前的旧石器时代。《史记》曾记载，在殷商、西周、春秋及战国时期，塞罕坝为燕国领地。秦国消灭燕国，统一中国后，塞罕坝属渔阳郡，秦朝的燕长城段也修建于此。西汉、东汉、三国时期，塞罕坝为鲜卑属地。南北朝和隋朝时期，塞罕坝大部分为库莫奚属地。唐朝时期，塞罕坝隶属河北道的松漠都督府，北部属契丹地，南部属奚地。五代十国和辽时期，塞罕坝北部隶属上京道（辽时期仍循唐朝旧制），为辽帝避暑狩猎之所，东部属中京道松山州松山县，西、南部则属北安州利民县，居民以契丹族为主。宋朝时期，塞罕坝属中京大定府辖地。在辽、金时期，塞罕坝被称作"千里松林"。元朝时期，塞罕坝东部属大宁路松州，南部为惠州，西部属上都路兴州兴安县，为羽林军屯田、狩猎之地。明朝时期，塞罕坝属开平左屯卫，后归属诺音卫，再后划入乌梁海，为鞑靼诸部放牧之地。

拓展阅读

古长城说碑

河北省承德市围场满族蒙古族自治县的坝上岱尹梁之北，遗存有清朝乾隆皇帝御笔的古长城说碑和燕长城遗址。其中，古长城说碑上镌刻有乾隆皇帝于1752年所作的《古长城说》。碑文记述了乾隆皇帝巡幸木兰围场时，发现并考证东西绵亘数百里的古长城

遗址的经历。因史书没有对这段燕国长城给予记载，故乾隆皇帝写此文并勒石立碑。此碑由碑顶、碑额、碑身和碑座四部分组成，碑文用满、汉、蒙、藏四种文字镌刻。

第二节　见证半部清史的木兰围场

清朝初期，塞罕坝为蒙古部落游牧之地。当时清政府面临来自北方的威胁，除威胁到国家统一与安全的准噶尔，还有虎视眈眈的沙皇俄国。康熙十六年（1677），康熙皇帝首次北巡塞外时，看中了这片"南拱京师，北控漠北，山川险峻，里程适中"之地，出于绥服蒙古、屏障沙俄、避暑游猎、治兵振旅的目的，于康熙二十年（1681）第二次北巡时以蒙古诸部敬献的名义将这里划定为"木兰围场"，直属理藩院管辖，派八旗兵把守，并颁布"民人不得滥入"的禁令。塞罕坝是清代皇家猎苑木兰围场的一部分，呈现出"林苍苍，草茫茫"的林草丰茂景象。

清代的狩猎多在秋天举行，故又称"木兰秋狝"。自康熙二十年至嘉庆二十五年（1681—1820）的 139 年间，康熙、乾隆和嘉庆皇帝先后在木兰围场共进行"木兰秋狝"多达 105 次。截至乾隆四十六年（1781），木兰围场由 67 围发展到 72 围。"乌兰布通之战"等一些历史重大的事件，也是在木兰围场和避暑山庄运筹决策的。可以说，一个木兰围场，见证了半部清史。

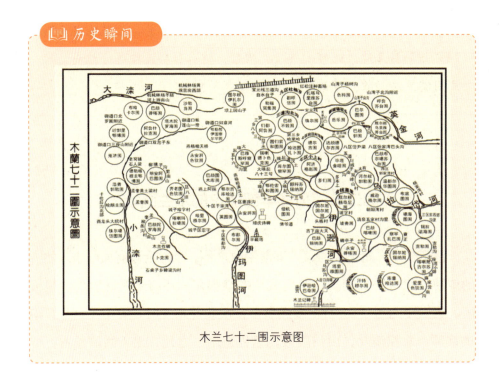

木兰七十二围示意图

第三节 "黄沙遮天日，飞鸟无栖树"的茫茫荒漠

持续一百多年的大规模围猎活动，使木兰围场的动植物资源遭到严重破坏，这一现象在乾隆时期就已经显现。乾隆十一年（1746），有官员报称"每围牲畜稀少，数围仅枪刺两虎"。嘉庆时期围场的动物资源状况进一步恶化，甚至达到无鹿可猎的地步。除大规模围猎外，清政府对木兰围场以及附近森林的砍伐，也严重破坏了自然环境。其中，为修建圆明园和承德避暑山庄，仅乾隆三十三年至三十九年（1768—1774）的 6 年间，清政府就从围场砍伐古松 34 万株。至道光年间，清政府国力衰落、无心北顾，加之围场内的自然资源严重退化，秋狝已难以维持，"木兰秋狝"正式废止。

1840 年以后，古老的中国在半殖民地半封建社会中沉沦，历经沧桑的塞罕坝也在内忧外患中走向几近毁灭的深渊。随着清王朝历史的推移，因吏治腐败和财政颓废，清政府在同治二年（1863）开围放垦，安置逃荒百姓，允许开垦围场边缘地带八千余顷的荒地，光绪三十一年（1905）正式开垦围场各地，至此这块昔日的皇家猎场禁地全部放垦。大规模的开荒垦地，农民生活、取暖樵采以及连年不断的山火，使木兰围场的森林、草原基本上已面目全非。1933 年日本侵略者占领承德，又对林木肆意采夺，给当地环境资源造成不可弥补的损失。

森林的大量砍伐让土地完全裸露，加之围场特殊的土壤和气候特点，导致土地快速沙化，到新中国成立初期，原始森林已所剩无几。从地理位置上看，塞罕坝属于木兰围场的核心地带，围场生态的退化，塞罕坝首当其冲。塞罕坝北部是浑善达克沙地南缘，森林砍伐殆尽后，北方沙尘不断南侵，塞罕坝退化为高原荒丘，呈现"黄沙遮天日，飞鸟无栖树"的荒凉景象。新中国成立初期，沙尘暴频袭北京，每年春季多达一二十次。专家断言，呈扇形围聚在京北的巴丹吉林沙漠、毛乌素沙漠、浑善达克沙地等，如不加治理，不出 50 年，漠北风沙将侵袭北京城。而距北京直线距离仅 180 千米的浑善达克沙地，平增均海拔 1100 米，如果这个沙源锁不住，较之海拔 43 米的北京城，就如同站在屋顶向院里扬沙，必须扼住浑善达克风口。当时不仅是华北地区生态恶化，我国三北地区分布有八大沙漠、四大沙地和广袤无垠的戈壁，总面积达 128 万平方千米，约占全国风沙化土地面积的 85%，是全国、亚洲乃至全球的重要沙尘源区。三北地区受蒙古高压影响，在冬季和春季，西风和西北风盛行，持续时间较长。寒冷而干燥的西北风侵蚀表土，引发沙地扩展和沙漠化现象，从而推动沙漠向东南方向移动。从东北黑龙江一直延伸到西北新疆，形成了一条长达万里的风沙线，这不仅对当地的绿洲、农田、交通和建筑构成了巨大威胁，也给环境保护和经济社会可持续发展带来了巨大挑战。

历史瞬间

光秃的山丘

稀疏的天然次生林

残存的伐根

第四节　荒原变林海的人间奇迹

　　1962 年，林业部批准在此建立河北省塞罕坝机械林场，总经营面积 140 万亩。至今历经 60 余年，塞罕坝走出了一条从顶级生态系统和生态环境断崖式破坏到零基础生态系统的高质量重塑之路。塞罕坝建设者将荒原沙漠建成了华北地区人工林规模最大、长势最好、生态环境最优、经济效益较高的百万亩林海，塞罕坝机械林场的发展历程，就是一部建设生态文明、实现人与自然和谐共生的奋斗史。

📖 图说塞罕坝

清朝时期的木兰围场（郎世宁绘《哨鹿图》轴）

新中国成立初期沙漠化严重的塞罕坝

如今塞罕坝的百万亩林海

塞罕坝用事实证明了中国生态文明的科学性和可行性，为正在走向生态文明新时代的中国提供了一个血肉丰满的生动范例。它既是绿水青山高质量发展的范例，又是转化金山银山的典型代表。塞罕坝作为生动范例，主要体现在以下几个方面。

一、森林动植物资源大幅增加，重塑了生态系统

森林质量大幅提升。塞罕坝机械林场有林地面积由 24 万亩增加到当前的 115 万亩，森林覆盖率从 11% 提高到 82%，林木蓄积由 33 万立方米增加到现在的 1037 万立方米，单位面积蓄积约是全国人工林的 2.8 倍、全国乔木林的 1.5 倍。据中国林业科学研究院核算评估，2020 年塞罕坝森林湿地资产价值 231.20 亿元，其中生态资产（森林碳资产）28.47 亿元，占总资产价值的 12.31%；无形资产（品牌资产）38.40 亿元，占总资产价值的 16.61%；森林湿地产出价值（生态系统服务价值）155.95 亿元，其中物质产品价值 3.84 亿元，仅占总资产价值的 2.46%，改善空气质量、防风固沙、涵养水源、景观游憩等生态服务价值 152.11 亿元，占总资产价值的 97.54%。

野生动植物资源丰富多样。塞罕坝积极开展濒危野生动植物抢救性保护工程，今天的塞罕坝发展成为野生动植物物种基因库，是内蒙古、东北、华北三大植物区系交汇地带生物多样性的一个高点。在塞罕坝森林、草原、湿地等多种生态系统中，栖息着陆生野生脊椎动物 261 种、鱼类 32 种、昆虫 956 种、大型真菌 179 种、植物 659 种，其中国家重点保护动物 49 种，国家重点保护植物 9 种。

森林生态系统保护体系逐步完善。塞罕坝稳步推进国家公园体制试点，持续实施自然保护区建设，大力推行林长制、河湖长制、湿地保护修复制度，保护地、河湖、湿地保护恢复初见成效。如今，林场湿地面

积 10.3 万亩，国家级自然保护区面积 30 万亩，基本形成了湿地自然保护区、湿地公园等多种形式的保护体系。

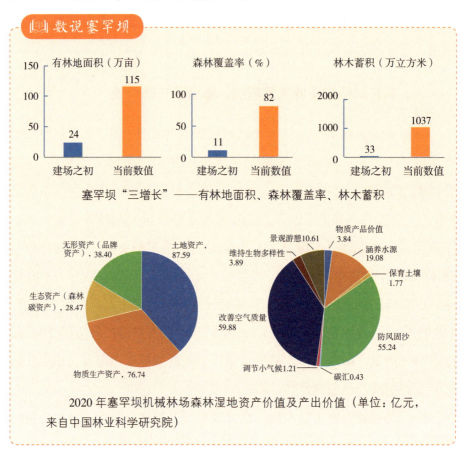

塞罕坝"三增长"——有林地面积、森林覆盖率、林木蓄积

2020 年塞罕坝机械林场森林湿地资产价值及产出价值（单位：亿元，来自中国林业科学研究院）

二、生态功能明显增强，改变了周边小气候

阻隔了风沙。塞罕坝有效阻滞了浑善达克沙地南下侵袭京津，为北京近年春季沙尘天数大幅度减少发挥了重要作用。根据北京观象台沙尘资料统计分析，20 世纪 60 至 80 年代，北京春季的沙尘日数在 10 至 20 天以上，在 1966 年还创造了 20 天的沙尘暴天气纪录。2010 年后，北京平均沙尘日数降低至 3 天左右。

涵养了水源。塞罕坝是滦河、辽河两大水系重要水源地，涵养、保护了滦河水源，保障了引滦入津工程顺利实施，森林和湿地每年涵养水源量2.84亿立方米，相当于4.7个十三陵水库。

提升了碳汇能力。年释放氧气60万吨，相当于219万人呼吸一年空气的氧含量，年固定二氧化碳86万吨，可抵消86万辆家用燃油轿车一年的二氧化碳排放量。

减少了自然灾害。据不完全统计，自20世纪70年代中期以后，同其他地方相比，这里的水灾、旱灾、风灾等自然灾害的发生次数和受灾强度都明显降低，无霜期由52天增加到64天，年均大风日数由83天减少到53天，年均降水量由不足410毫米增加到479毫米，有效改善了区域小气候，增强了周边农区、牧区防御自然灾害的能力，为京津冀筑起了一道牢固的绿色生态屏障。

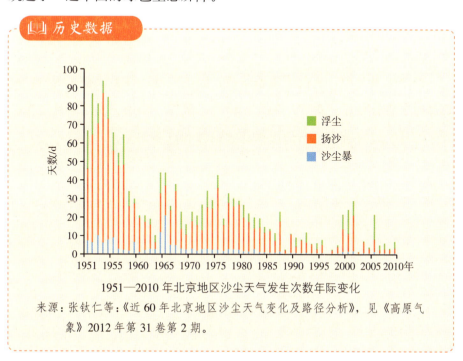

历史数据

1951—2010年北京地区沙尘天气发生次数年际变化

来源：张钛仁等：《近60年北京地区沙尘天气变化及路径分析》，见《高原气象》2012年第31卷第2期。

三、社会经济效益显著，富裕了一方百姓

塞罕坝机械林场依托百万亩森林资源积极发展绿化苗木等生态产业，经济收入由建场之初的不足 10 万元 / 年增加到 1.6 亿元 / 年，产业规模实现从无到有、从小到大、从弱到强，带动周边 4 万多百姓受益，2.2 万贫困人口实现脱贫。森林产业发展的同时，带动了周边地区的林果业、养殖业、旅游业、文化业、交通运输业等外围产业的发展，每年实现社会总收入 6 亿多元，为当地 4000 余名群众提供就业机会，人均年收入达 1.5 万元。如今的塞罕坝是"大风刮黄金，河水淌白银，阳光洒珍珠，温泉似宝盆"。塞罕坝机械林场从最初"先生产、后生活"转变为"既要生产也要生活"，通过积极筹措资金改善生产生活环境，加大民生建设投入，实施了基础设施建设、职工安居工程建设、林区道路建设、标准化营林区建设、智慧林场建设，改善职工的生产生活条件，基本上解决了就医、上学等民生难题。

如今的塞罕坝，实现了生态效益、经济效益、社会效益相统一，有效发挥了森林草原"水库、钱库、粮库、碳库"作用，为生态环境保护和经济社会发展源源不断地提供战略资源和重要支撑。

第 二 章

矢志不渝铸就精神高地

塞罕坝精神是塞罕坝机械林场建设者在植树造林、绿化祖国的伟大实践中形成的具有独特内涵、鲜明特质、丰富形态的崇高精神，是在特定的时代条件下，经过不断探索发展而成的。

第一节　百炼成钢的峥嵘历程

塞罕坝精神是在塞罕坝从茫茫荒漠到塞北"绿色明珠"天翻地覆的历史变迁中孕育形成的，是三代塞罕坝人在党的领导下创造的旧貌换新颜的人间奇迹，是塞罕坝人心血、汗水和生命的结晶。跨越 60 余年，三代塞罕坝人奋斗不息，把一片片荒漠沙地变成了广袤无垠的林海，铸就了"牢记使命、艰苦创业、绿色发展"的塞罕坝精神。塞罕坝精神的形成过程是一部塞罕坝雄伟壮阔的变迁史，也是一部塞罕坝人可歌可泣的奋斗史，更是一部我国生态文明建设的成就史。

一、高瞻远瞩的英明决策（1949—1962）

塞罕坝精神的萌芽期从 1949 年新中国成立到 1962 年国家正式决定在塞罕坝建立林业部直属的机械林场。这一时期党和国家已经开始国营林场的建设，但是由于起步时间短，建设周期长，大型林场建设经验不足，尤其是像在塞罕坝这样的高寒地区，林场建设之路举步维艰。

（一）吹响新中国林业建设的号角

新中国成立之初，受过度开垦、战乱频发、乱砍滥伐以及自然灾害等因素叠加影响，我国属于少林国家，森林覆盖率仅为 8.6%，加之资源分布不平衡、运输困难，林业工作的基础非常薄弱。当时我国生态环境状况恶劣，森林资源退化严重，对我国经济发展和人民生产生活造成了极大影响。在这样一个艰难的环境中，党和国家高瞻远瞩，扛起了植树造林、绿化国土、治理水土流失和沙漠化、保护和改善生态环境的历史重任。

1949 年，《中国人民政治协商会议共同纲领》提出"保护森林，并有计划地发展林业"的方针。1950 年，第一次全国林业工作会议确定了"普遍护林，重点造林，合理采伐和合理利用"的林业建设总方针。1953 年，《关于发动群众开展造林、育林、护林工作的指示》中指出："在水土冲刷严重、风沙水旱灾害经常发生的地区，应积极营造水源林和防护林；在水土条件较好林木生长迅速的地区，应大力培育用材林"。一系列高瞻远瞩的决策部署，吹响了新中国林业建设的号角。

历史瞬间

1949 年 9 月 29 日，中国人民政治协商会议通过
《中国人民政治协商会议共同纲领》

（二）发出"绿化祖国"的伟大号召

新中国成立初期，1956 年，毛泽东就发出了"绿化祖国"的伟大号召，开启了新中国近 70 年持续不懈的绿化祖国征程。毛泽东在《征询对农业十七条的意见》中指出，"在十二年内，基本上消灭荒地荒山，在一切宅旁、村旁、路旁、水旁，以及荒地上荒山上，即在一切可能的地方，均要按规格种起树来，实行绿化"①，由此开始了第一个"12 年绿化运动"；在《中共中央致五省（自治区）青年造林大会的贺电》中强调，"只要是可能的，都要有计划地种起树来。这是一项极其巨大的工程"；在北戴河召开的中共中央政治局扩大会议上要求，"要使我们祖国的河山全部绿化起来，要达到园林化，到处都很美丽，自然面貌要改变过来""一切能够植树造林的地方都要努力植树造林，逐步绿化我们的国家，美化我国人民劳动、工作、学习和生活的环境"。

为了治理水土流失、防风固沙以及培养用材林，1958 年 4 月 7 日，中共中央、国务院发出《关于在全国大规模造林的指示》，要求"在着重依靠群众造林的同时，必须积极发展国营造林。除原有国营林场应该加强以外，还应该利用国有的和合作社无力经营的荒地荒山，组织下放人力，有计划地增建新的林场。国营林场应该以造林营林为主"②。各地掀起了大建国营林场的高潮。

---

① 《毛泽东文集》第六卷，人民出版社 1999 年版，第 509 页。
② 中共中央文献研究室编：《建国以来重要文献选编》第 11 册，中央文献出版社 1995 年版，第 248 页。

历史瞬间

北京百望山森林公园内毛泽东题词"绿化祖国"的石碑

（三）拉开林场建设的序幕

早在 1950 年，塞罕坝就建立了武装护林队，开始了残存林区的护林防火工作，随后在阴河、大唤起等地建立林场，培育落叶松和云杉等苗木，但受环境、条件、经费等因素限制，没有形成规模。

时任围场县第六任县委书记王尚海召集县委、县人民委员会相关领导，对在塞罕坝建立国营机械林场问题进行讨论，分别向河北省委和中央提出《关于在塞罕坝外建立国营机械林场，营造大型防风固沙林的意见》，建议在靠近内蒙古区域和坝顶成片造林，内部造大型防护林网，才能控制风沙等自然灾害。随即，围场县人民委员会向河北省人民委员会提交了《关于成立国营林场和林营区的请示》，受到林业部和省委的重视，河北省林业厅委派调查队第一中队调查组到塞罕坝进行实地踏查。根据踏查结果，围场县委、县人民委员会向河北省委、省人民委员会上报了《关于塞罕坝建立国营机械林场，营造防风固沙、用材林的请示》，提出建立国营机械林场的七点理由：一是有利于工农业生产发展；二是有利于滦河流域水土保持；三是有利于林业产业长远发展；四是有利于壮大林业经济；五是有利于护林防火；六是有利于提高造林效率；七是有利于保护御道口牧场的生产安全。1957年河北省人民委员会向承德专署下发《关于在围场县塞罕坝上建立国营机械林场的批复》，同意建立国营机械林场，场址选在大脑袋山东侧，称塞罕坝大脑袋机械林场，即如今塞罕坝机械林场总场所在地。

1960年，林业部为改善京津地区气候条件，破解风沙南下对北京等地区环境影响难题，建设华北用材林基地，同时储备和锻炼一批专业技术人才，开始谋划在北京东北方向坝上地区建立大型机械林场。时任林业部副部长惠中权在保定市易县召开的河北省林业工作会议上明确提出，为实施大规模防风固沙、植树造林工程，准备在河北省北部建立一个大型机械林场，时任承德专署林业局局长刘文仕建议机械林场建在承德围场县坝上地区，这与围场县林业长远发展规划不谋而合。为此，林业部国营林场管理总局局长荀世昌、副局长刘琨带队，分赴张家口、承德地区考察选址。刘琨于1961年10月率队到塞罕坝，大范围实地考察了3天，在亮兵台和石庙子的石崖底发现了落叶松残根，又在塞罕坝东北部红松洼发现一棵顽强挺立的天然落叶松，成为树木可以在这里成活的科学见证，为林业部建场决策提供了重要依据。

刘琨及专家组根据考察结果在向林业部的报告中提出，河北省承德专区围场县坝上地区，适宜落叶松、云杉和杨、桦等林木生长，必须大搞造林，发展林业生产。这一地区原有塞罕坝、阴河、大唤起三个国营林场，彼此相连。考虑到华北地区森林少的状况，该地区大规模造林不仅可以就近供应京津等大城市用材，也可以彻底改变当地自然面貌。由此坚定了林业部建立直属塞罕坝机械林场的决心。林业部经与河北省委、承德专署及围场县人民委员会协商，一致同意建立塞罕坝机械林场，以改变这里的生态环境，阻止土地沙漠化进一步蔓延和风沙向南侵袭，保护滦河等重要河流的水源，同时建设以中小径级材为主的华北用材林基地。

1962 年 2 月 14 日，林业部下达《关于在河北省承德专区围场县建立林业部直属机械林场的通知》，决定将原属承德专属领导的塞罕坝机械林场和原属围场县领导的阴河林场、大唤起林场合并成为一个林场，正式命名为"中华人民共和国林业部承德塞罕坝机械林场"，由林业部与承德专署双重领导，就此塞罕坝机械林场正式建立。林业部直属大型机械林场的建立，为塞罕坝精神萌芽提供了组织保障和物质基础。

历史瞬间

塞罕坝的"一棵松"以及塞罕坝机械林场的"出生证明"

二、披荆斩棘的攻坚探索（1962—1992）

塞罕坝精神的成长期自 1962 年塞罕坝机械林场建场开始，到 1992 年塞罕坝机械林场建场三十周年塞罕坝精神首次提出。塞罕坝机械林场从充满艰辛的造林时期进入科学营林阶段，在造林实践中探索研究出育苗、造林、引种等技术，开启了森林经营深入探索，为塞罕坝精神的发展奠定了坚固的事业基础。

（一）筚路蓝缕的创业开端

塞罕坝机械林场创业初期极为艰辛。一方面，恶劣的自然环境和极其艰苦的工作生活条件，是林场建设者们必须闯过的第一道关。每年刚入秋，天气极为寒冷，风沙常年不绝，当地人流行一句谚语："一年一场风，年始到年终。"冬季严寒肆虐，夹着雪花的"白毛风"更是令人难以忍受。塞罕坝第一代创业者队伍，在漫天黄沙、雨雪冰冻中经历了重重考验。另一方面，那时我国在国营林场建设方面虽已经有了些经验，但在高寒地区植树造林及苗木运输、管理、培育等方面，仍然处于空白状态。可以说，塞罕坝机械林场建设是在技术、经验一片空白的情况下艰难开启的。

1962 年 8 月 15 日，林业部正式组建塞罕坝机械林场党、政领导班子，时任承德地委委员、农业局局长王尚海为党委书记，承德林业局局长刘文仕为场长，丰宁县副县长王福明为副场长，林业部造林司工程师张启恩为技术副场长。第一任领导班子带领来自全国 18 个省、市的 127 名农林专业大中专毕业生与原承德专署塞罕坝机械林场、围场县大唤起林场、阴河林场的 242 名干部职工，共 369 人，成为塞罕坝第一代创业者。他们"先治坡、后治窝"，以战天斗地、吃苦耐劳的精神，在茫茫荒漠上开启了植树造林和生态修复的伟大壮举。

塞罕坝机械林场第一任领导班子

1964年2月24日，国家计划委员会批准《林业部直属塞罕坝机械林场总体规划设计方案》，要求林场贯彻执行"以造为主，造育并举，综合利用，多快好省地建成用材林基地"方针，在二十年内完

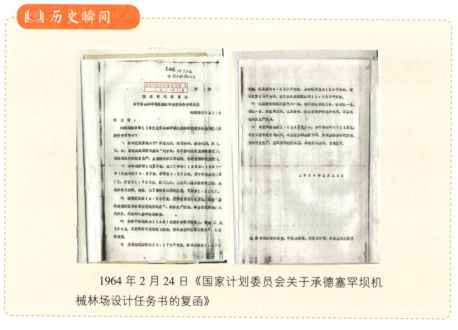

1964年2月24日《国家计划委员会关于承德塞罕坝机械林场设计任务书的复函》

成造林 74.6 万亩，新育苗 4300 亩。同时明确了四项建场任务：一是建成大片用材林基地，生产中、小径级用材；二是改变当地自然面貌，保持水土，为改变京津地区风沙危害创造条件；三是研究积累高寒地区育苗造林经验；四是研究积累大型国营机械化林场经营管理的经验。

建场前两年，林场每年造林超过 1000 亩，秋天成活率却不足 8%。面对惨烈的折损和失败，加上长期远离家乡而萌生出的思乡之情，众人纷纷心思浮动，萌生退缩心理，甚至还有人写歪词：天低云淡，坝上塞罕，一夜风雪满山川；两年栽树全枯死，壮志难酬，不如下坝换新天。林场遭受了惨烈的"下马风"。

为了稳住军心、聚拢人心，关键时刻王尚海和班子成员不约而同地把家从北京、承德等地搬到塞罕坝，放弃了大城市的优越环境。刘文仕当时还兼任承德林业局局长，当二者不能兼顾时，他毅然辞去林业局局长职务，全身心扎根塞罕坝建设事业。领导班子以身作则、率先垂范，啃窝头、喝雪水、住窝棚、睡马架，以举家上坝的坚定决心，以"不绿

举家上坝

来源：塞罕坝机械林场职工范凌霞连环画作品《我心中的塞罕坝》

塞罕坝，誓死不后退"的顽强毅力，像一道无声的命令，对遏制"下马风"起到了稳定人心作用，坚定了第一代创业者破釜沉舟、勇往直前的信念，坚决打赢造林大会战。

（二）波澜壮阔的造林历程

林场建设者在极其困难的条件下，开启了轰轰烈烈的造林实践。不断克服苗木供应、种植机械、造林方法等难题，逐渐探索适合高寒地区大规模造林的科学路径，塞罕坝的绿色版图迅速扩张。

1964年春季，林场在马蹄坑开展了造林大会战。马蹄坑位于场部东北方向大约4公里处，地势平缓，三面环山，形如马蹄，共有760亩。120多名职工冒着料峭春寒，连续多天吃住在山上，4月的塞罕坝，白天气温在 −2℃，每个人的雨衣外面都溅满了泥浆，冻成了冰甲，走起路来咣咣直响，像一个个威武的将军，大家斗志昂扬地按程序工作着。林场调集最精良的机械装备，只用了两三天时间，成功造林516亩，树苗成活率达到96.6%。1964年秋季，林场又在马蹄坑营林区成功造林178亩，从此塞罕坝开始实行春秋两季造林。这样一来，塞罕坝"活了"，也让塞罕坝的人心"活了"。马蹄坑大会战的胜利，创造了中国在高寒地区机械栽植落叶松的历史，标志着塞罕坝机械林场开始进入大面积机械造林时代，开创了国内机械种植针叶树的先河。

📖 **历史瞬间**

马蹄坑大会战

建场初期，造林成活率低，打击了塞罕坝建设者们的士气，但创业者们很快找到了造林失败原因，调运的外地苗木在环境恶劣的坝上地区"水土不服"，要想造林成功，必须自己育苗。经过反复试验，塞罕坝人改进了育苗方法，1964 年，林场在马蹄坑开展了一场造林大会战。马蹄坑三面环山，中间是一片开阔地，因形似马蹄而得名。这里开阔平坦，适宜大规模机械造林。在会战之前，林场召开了誓师大会，党委领导和参战人员全部参加，誓师大会庄严隆重，大家打定主意，一定要打赢这一仗。林场精心挑选了 120 名员工，调集了最精良的装备，分成两个机组，分别由领导带队指挥，挺进作业现场。在寒风凛冽的初春，所有人都被汗水湿透，脸上也都是机车扬起的尘土和汗水画出的道道黑痕。女植苗员工作服外套着防护服，帽子套底下又包着头，还戴着防护镜，满头大汗也顾不得擦，汗水都浸到了眼睛里，双腿麻木到伸不直，也只能活动

马蹄坑大会战

早期林场用的造林机械

参加马蹄坑大会战的部分干部职工

马蹄坑大会战种下的幼苗林长势良好

下腿脚再上去。所有的人吃住在山上，大干了几天，在马蹄坑机械造林516亩，树苗成活率达到了96%以上。面对满山刚刚绽放的落叶松苗，林场党委书记王尚海激动地号啕大哭。马蹄坑大会战的胜利，开创了中国在高寒地区机械栽植落叶松的先河，塞罕坝的造林事业从此驶入快车道。

林场造林始终在不断战胜重重困难中坚强挺进。20世纪七八十年代，林场遭受了罕见的雨凇、特大旱灾等自然灾害。一次雨凇灾害就损害人工林37万亩、天然次生林20万亩，受灾面积总计达57万亩；在百年不遇的特大旱灾中，从春夏之交开始，一直持续三个多月没有有效降水，导致12万亩树木旱死。面对一次又一次重大灾害，塞罕坝人没有被击垮，他们不灰心、不气馁，在这片本就贫瘠的土地上从头再来，凭着超常意志和勤劳双手，一方面修整树木或担水抗旱，尽其所能进行一切可能的"自救"；另一方面加倍投入精力，继续新的造林征程。

📖 历史瞬间

雨凇灾害和特大旱灾

1977年，林场遭受了罕见的雨凇灾害。雨凇是指由于天气转冷，降到树上的雨迅速结冰，并附着其上，越积越多，树的枝干难以支撑，发生严重的折枝、折冠、劈裂、弯曲等现象，造成灾害。当年10月26日一早，塞罕坝开始下雨。随后雨越来越大，而气温也越来越低。树木很快就包裹上一层冰，枝干承受不住压力，开始折断。小树被压倒，大树也被拦腰折断或劈开，场面十分凄惨。调查显示，雨淞损害人工林 37 万亩、天然次生林 20 万亩，受灾面积总计达 57 万亩。此外，还损害电话线路 260 千米，折断木制和水泥电线杆 666 根。林场把救灾同生产作业结合起来。全场上下连续苦干了三年，总算挽回了雨淞造成的损失。

1980 年 5 月到 7 月，塞罕坝机械林场又遭遇了一场持续的干旱。从春夏之交开始，一直持续了三个多月没有有效降水，且风大、气温偏高。落叶松人工林大面积旱死，尤其是位于西部沙地的三道河口林场和千层板林场受灾最重。旱灾导致 12 万亩树木旱死。

雨淞灾害

林场职工和坝上群众一起挑水浇树对抗干旱

塞罕坝机械林场历经近 20 年发展，到 1982 年共造林 96 万亩次，其中机械造林 10.5 万亩，人工造林 85.5 万亩，总计 3.2 亿余株，保存率 70.7%，创下全国同期造林保存之最，远远超过《塞罕坝机械林场设计任务书（1962—1982 年）》确定的"造林 74.6 万亩，新育苗 4300 亩"的目标任务。塞罕坝机械林场植树造林的成效，被林业部评价为"两高一低"，即造林成活率高、保存率高、造林成本低，积累了在高寒地区造林育林成功做法和经验，在全国林业战线得到广泛推广。

1978 年 11 月，地跨我国西北、华北、东北 13 个省份，世界最大的林业生态工程——三北防护林建设工程启动，塞罕坝人工林成为三北防护林的一部分，塞罕坝的造林成效和塞罕坝人凝结的精神特质也成为这个伟大工程的重要组成部分。

数说塞罕坝

塞罕坝机械林场 1962—1982 年育苗情况

	面积合计（亩次）	新育（亩次）	留换床（亩次）	产苗（万株）
年度／合计	9215	4368	4847	36157
1962—1966	1524	786	738	3710
1967—1976	5481	2612	2869	20660
1977—1982	2210	970	1240	11787

截至 1992 年，塞罕坝机械林场有林地面积 79.86 万亩，另有未成林 9 万亩，森林总蓄积为 254.4 万立方米，森林覆盖率为 56.7%。植被由草甸、灌木为主变为乔木树种为主、乔灌草相结合，形成分布均匀、结构合理的森林生态系统，实现了在荒原上建成初具规模的华北用材林基地，彻底改变了塞罕坝的自然面貌。随着林木生长，生态系统逐步完善，保持土壤、防风固沙、调节气候、涵养水源作用日益明显。

（三）坚持不懈的营林探索

大规模植树造林取得显著成效后，塞罕坝机械林场工作重心转变为森林经营，进入营林探索新阶段。

1980 年，林场制定了第一个森林经营方案《塞罕坝机械林场森林经营规划方案（1981—1990 年）》，提出以育为主、育改结合、综合经营、永续利用的经营方针，主要任务包括：保护森林和抚育改造森林，促进其速生丰产，加速用材林基地的建设，并充分发挥森林在涵养水源、保持水土、调节气候等多方面的作用。此后，每10年更新一版经营方案，坚持与时俱进、改革创新，森林经营体系逐步完善。塞罕坝机械林场以森林经营方案为依托，以森林资源管护为中心，积累形成一整套营林、造林技术体系，总结出大密度初植、多次中间抚育利用和主伐利用相结合的人工林可持续经营路线，实施定株、修枝、透光伐、下层疏伐、低效林改造、主伐等作业，按照既定的技术规程开展全过程、全周期集中连片森林抚育，森林蓄积大幅提升，森林质量逐步提高。

数说塞罕坝

塞罕坝机械林场1983—1990年育苗情况

年度／总计	面积合计（亩次）	新育（亩次）	留换床（亩次）	产苗（万株）
总计	1403	609	794	5941
1983	195	106	89	570
1984	229	106	123	515
1985	197	91	106	655
1986	182	57	125	1148
1987	132	43	89	696
1988	100	36	64	446
1989	166	59	107	1145
1990	202	111	91	766

1992年7月，《河北省塞罕坝机械林场森林经营方案（1991—2000年）》发布，确立"以育为主，大力护林、重点造林，改造与调整相结合，经营与利用相结合"的经营方针，走林、工、商综合发展道路。提出贯彻以经济效益为中心，兼顾生态效益；坚持集约经营，提高林地生产力；积极扩大森林资源，提高森林覆盖率；合理开发利用森林资源，积极开展多种经营和木材综合利用，在不断扩大生产，提高经济效益的同时，逐步改善职工物质文化生活的经营原则。方案明确提出，1991—2000年经理期，造林10万亩，有林地面积达到100万亩，森林覆盖率提高到70%以上，森林蓄积量超过400万立方米，实现利润4065万元，固定资产达到4628万元，经理期末达到经济自给经营目标。

图说塞罕坝

塞罕坝机械林场开展高位修枝和中幼林抚育

党中央十分关心塞罕坝机械林场建设发展，多位中央及有关部门领导同志曾到林场调研，充分肯定林场建设成效，为林场持续健康发展提出明确要求、指明前进方向。时任中共中央书记处书记、中央宣传部部长邓力群来林场视察，登上亮兵台，观看大面积落叶松人工林，由衷感叹"你们搞了这么好的事业"，并在临别前向塞罕坝领导班子提出"要祖祖辈辈把造林营林事业继续下去"的殷殷嘱托，这让塞罕坝人更加坚定了持续改善自然环境的决心。时任国务院副总理田纪云来林场视察，高兴地说："北方有这么个林场很好，很不简单"，称赞塞罕坝是华北的"绿宝石"，明确上马生态农业工程、林场至围场县公路建设国家要扶持等两个意向，这些重要指示极大提振了塞罕坝人的士气。时任林业部部长杨钟、副部长刘琨来林场视察，指出："你们这一代人是承先启后的一代人。都要有这个信心，就是艰苦奋斗，把坝上林场搞好，建设成为河北、国家的木材基地，出经验，出人才，出成果"，并提出林场下一步要加强集约经营、发展多种经营，这为塞罕坝机械林场转型发展指明了方向。

（四）迎难而上的技术攻坚

塞罕坝机械林场建设初期，物质条件极度匮乏，技术方法一片空白。塞罕坝人以艰苦奋斗的优良作风、科学求实的严谨态度，从无到有，攻克了高寒地区育苗、造林、营林等技术难关，实现了一次又一次的超越与突破。1981年，塞罕坝机械林场获国家计委、科委、林业部、农牧渔业部联合颁发的"农林科技推广进步奖"，极大肯定了塞罕坝机械林场的技术攻坚成效。

探索提出全光育苗法。改进传统的遮阴育苗法，采用冬季雪藏、早春播种、夏秋管护的方式，将落叶松种子由播前催芽改为雪藏层积催芽，再播前升温催芽，播种时严格控制覆土厚度，及时调节温度，防止高温伤苗和低温霜冻，克服落叶松种子处理、出苗和幼苗培育三大难题，解决立枯病、地下虫等危害，林场首次在高寒地区探索出全光育苗法。育苗方法取得突破之后，全场单位苗产量从1963年的1.21万株/亩，跃升到1966年的6.7万株/亩，增长了约450%，彻底摆脱买苗造林的历史，完全实现自产苗造林，大大提高了造林成活率。

成功引种樟子松。樟子松的家乡在大兴安岭，它耐寒、耐旱、耐瘠薄，这些特性引起了塞罕坝造林人的注意。1965 年，为解决干旱沙地造林难题，林场试验引种樟子松，但由于幼苗怕风吹，栽植后第二年成活率很低。林场采用雪藏法贮藏种子、越冬覆土防风等措施，经过三年努力，成功培育出樟子松壮苗，并解决苗木因生理干旱不成活问题，樟子松造林成活率大大提高。从此樟子松在坝上落地生根，解决了沙地、石质阳坡造林绿化树种问题，创下我国樟子松引种地区海拔最高纪录，国内同类地区争相学习效仿。如今，樟子松已成为塞罕坝机械林场第二大树种，在石质阳坡上种下了 10 万多亩，成活率达到90%以上。

有效改进植苗机械。基于平地设计的苏制植树机"水土不服"，不适合塞罕坝植树条件，是造成建场前两年造林失败的原因之一。1964年，林场改进植苗机械，镇压滚增加配重铁并改为交链式连接，植苗夹增加毛毡，配备自动浇水装置，再配合踩实、苗木扶正等人工措施，成功解决了苗木抗旱能力差、周围培土挤压不实、机械伤苗三大难题，极大提高了机械造林成活率，为当时国内领先技术水平。

适时研制植苗锹。塞罕坝机械林场建场之初引进的苏联克洛索夫植苗锹适用于土质松软的造林地块，而塞罕坝立地条件差、砂石多，克洛索夫植苗锹极不适合坝上造林。1965 年，林场改进植苗锹，身窄头尖，单脚轻踩便可直插土中，而狭窄的缝隙更利于防止树苗根系透风跑墒，极大提高了造林效率。一份刊载于 1966 年《林业实用技术》署名"河北承德塞罕坝机械林场生产办公室"的《落叶松植苗锹》文章中记载：林场自使用新式植苗锹后，不仅工效提高了 1 倍，节省了劳力和造林时间，还避免了窝根，提高了造林质量和成活率，同时，还有利于抗旱保墒。原来每 3 至 5 人一组流水作业，用锹、镐平均每人每天栽 250 株树苗，改用植苗锹后，1 人平均每天可栽植 600 株。

研究创立"三锹半人工缝隙植苗法"。1965 年，结合改进植苗锹，林场创造出"三锹半人工缝隙植苗法"，取代了先前工序复杂、费时、进度慢的"中心靠山植苗法"，看似简单的一插、一提、一拧，却比传统方法造林功效提高一倍以上。第一锹，下锹开缝，前后摇晃、先拉后推，直到缝隙宽约 5 到 8 厘米，深度 25 厘米；投苗入穴时要深送浅提，让根系舒展，再脚踩定苗；离苗 5 厘米垂直下第二锹，先拉后推，挤实根部；第三锹，再距 5 厘米，仍为挤实；最后半锹堵住锹缝、平整穴面，防止透风，以利保墒。通过上述技术改进，人工栽植落叶松平均放叶率提高到 90％以上，造林成活率显著提升。该技术如今被广泛应用于三北防护林工程建设。

创新应用沙地造林技术。自 1973 年，林场开始探索沙地造林。除樟子松外，还引进了云杉、落叶松和沙棘等乔灌木树种，创新采用乔灌结合、沙棘带状密植、柳条筐客土造林等新方法，研究摸索出实生苗带土坨移植、越冬造林苗盖草帘、覆土防寒防风等技术措施。一系列实用技术的实施，丰富了高寒地区森林林分结构，解决了沙地和石质山地保水防风难题，提高了沙化严重地区造林成活率，塞罕坝的绿色版图向沙地不断扩展。

知识链接

实生苗带土坨移植技术

由种子萌发而长成的实生苗，起苗时在离根部 13cm—15cm 处围绕根部开挖一周，最后用铲子将整个土坨翘起。土坨挖出之后，用铲子将其修成圆形，然后用黑色的塑料袋将整个土坨包起，防止根系失水的同时也防止土壤干燥后脱落。在造林过程中，连同包裹着的土球一起运输，不仅保持了良好的完整性，使根系免受损伤，而且水分消耗极少。这项技术让苗木在栽植后成活率可高达100％，而且无缓苗现象。

积极探索营林新模式。1983年起，林场森林经营坚持"育、护、造、改"原则，确立了以修枝、抚育间伐与低产林改造为主的森林经营生产体系，形成了具有塞罕坝特点的森林经营模式。围绕天然次生林抚育和改造、人工林间伐、低质林改造等技术，以及松线小卷蛾、落叶松尺蠖等病虫害防治开展研究，成果有效应用于营林实践中，有效促进了林分生长，提高了林分质量。

知识链接

松线小卷蛾

属鳞翅目小卷蛾亚科，又名落叶松灰卷叶蛾。国内主要分布于西北、华北等地，国外分布于俄罗斯、欧洲、北美等地。主要危害落叶松、云杉及冷杉等，多年来在塞罕坝林区落叶松林中周期性发生（一般发生在海拔1600米以上的地方），危害猖獗时成片针叶林一片枯黄，枝梢干枯。松线小卷蛾以幼虫蛀食嫩芽心叶基部，一般危害后15天针叶再次恢复生长。

松线小卷蛾（来源：中国动物主题数据库）

落叶松尺蠖

属鳞翅目尺蛾科，是危害落叶松纯林的食叶害虫，在塞罕坝林区呈周期性发生，多发生在海拔 1600 米的曼甸，6 月取食量最大，暴发年份单株虫口密度可达数万条，被害林分针叶全部食光，如不及时进行防治，发病林分像火烧一样，一片枯黄。

科学制定科技规划。林场结合生产需要，先后出台《河北省塞罕坝机械林场科学技术发展规划》《河北省塞罕坝机械林场 1978—1985 年科学技术发展规划纲要》《河北省塞罕坝机械林场 1991—2000 年林业科学技术发展规划》，系统谋划科技创新中长期发展道路，探索实施与高等院校、科研单位协作模式，积极运用科技成果支持生产实践，不断推进研究向广度和深度发展，为林场可持续发展提供坚强保障。

1992 年，时任林业部副部长刘琨为庆祝塞罕坝建场 30 周年，感恩塞罕坝务林人的辛苦和付出，提出"勤俭建场、艰苦创业、科学求实、无私奉献"的塞罕坝精神。塞罕坝精神实现从无到有，成为全场学习弘扬的"场域精神动力"，极大鼓舞了塞罕坝人干事创业热情。这是林场的崇高荣誉，是群体的精神核心和共同认知，潜移默化地激励和引导着塞罕坝人持续拼搏、奋勇向前。

📖 历史瞬间

塞罕坝林场艰苦奋斗 30 年　昔日不毛之地变为茫茫绿海

1992 年 7 月 30 日，300 多名领导同志、专家、学者及曾经在这里与大自然顽强抗争过的人们，云集河北省塞罕坝机械林场，欢庆建场 30 周年。林业部副部长刘广运、副部长刘琨、马玉槐、杨天放，河北省政协副主席李文珊，著名学者、中科院学部委员阳含熙等风尘仆仆地亲临致贺。

解放初期的塞罕坝，历史上的原始森林已荡然无存，留下的是草原和沙漠。1962 年，国家决定投资 3000 万元，在此建立机械林场。来自 19 个省（区、市）的 369 名有志之士，开进塞罕坝，拉开了向自然宣战的序幕。

30 年来，塞罕坝人凭着"勤俭建场、艰苦创业、科学求实、无私奉献"的精神，用一代人的青春和汗水换来了数万顷林海。据统计，在全场 141 万亩经营面积上，现有林面积已由建场初期的不足 30 万亩增加到 94 万亩，森林覆盖率达 66.7%，森林总蓄积由 45 万立方米增加到 294 万立方米，林木价值 4.5 亿元，为国家总投入的 10 倍，成为华北地区主要用材林基地。近 100 万亩林海的形成，也带来了显著的生态、社会效益，减少了京、津、唐地区的风沙侵袭。

刘广运副部长在庆祝会上充分肯定了塞罕坝机械林场 30 年来所取得的巨大成就。他强调，林场今后要解放思想，深化改革，加速产业结构的调整，将资源优势转变为商品优势、经济优势，使林场尽快活起来、富起来。

（来源：《中国绿色时报》，1992 年 8 月 11 日）

三、开拓创新的绿色实践（1992—2017）

1992 年之后，塞罕坝机械林场以林场精神为指引，发展战略逐步由生态效益、经济效益兼顾，向以生态效益为主转变，积极探索科学的经营方式，走上科学发展、绿色发展道路，塞罕坝的实践成果愈来愈丰硕、示范成效愈来愈显著。2017 年，习近平总书记对塞罕坝机械林场建设者感人事迹作出重要指示，全党全社会广泛学习弘扬的塞罕坝精神正式提出。

（一）塞罕坝生态实践成果丰硕

森林经营更加科学高效。自进入森林经营期后，林场始终将森林经营作为中心工作，十分注重用分类经营、近自然经营等科学理念指导，始终遵循质量为上的生产实践导向。已连续实行了近60年的生产质量联查制度，至今仍是塞罕坝每年的"重头戏"。每隔十年制定或修订一次森林经营方案，及时建立和实施立木材积表、林分密度控制图等科学有效的森林经营技术规程和标准，坚持用先进适用理念方法支撑森林经营。从立地条件和气候特点出发，采取大密度初植后多次抚育利用的营造林技术路线，抚育间伐产出的中小径松杆恰好能够满足周边一些农村和矿区的生产生活需要，在20世纪80年代末90年代初就成为林场主营业务收入，占经济来源的60%以上。建场以来，塞罕坝机械林场生产木材337万立方米，木材收入21.9亿元，累计抚育面积318.1万亩，抚育消耗蓄积518.4万立方米，相当于至少抚育了3遍，林分单位面积蓄积远远高于全国人工林和世界森林平均水平，呈现出森林经营有保障、有支撑、有动力、有效益的可喜局面。下图展示了塞罕坝机械林场森林蓄积量的精准快速提升过程：自1982年造林攻坚完成、开展森林

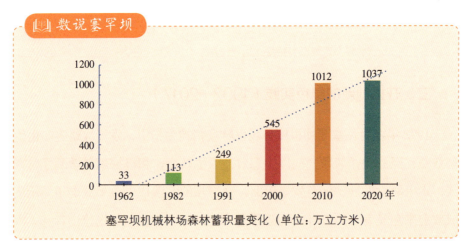

塞罕坝机械林场森林蓄积量变化（单位：万立方米）

经营以来，森林蓄积量每十年翻一番，连翻三番，直到2010年达到并稳定在1000万立方米以上的高水准。

国家森林公园应时而生。1993年5月8日，经林业部批准，在塞罕坝机械林场基础上，建立"木兰围场国家森林公园"，后更名为"河北塞罕坝国家森林公园"，总面积140万亩，其中林地112万亩，是我国面积最大的人工林森林公园。为促进国家公园规范发展，林场编制《木兰围场国家森林公园总体规划》，提出"巩固和扩大森林资源，提高森林经营水平和绿化美化品级，以发展旅游业为媒，改善环境条件，加快改革开放步伐，搞活经济，提高经济效益，把塞罕坝机械林场建设成为功能齐全的绿色企业"。按照规划要求，林场以"建绿色生态，办绿色产业，创绿色文明"为目标，坚持"以林建园，以园促游，以游养林"理念，形成了以"生态、皇家、民俗"为主特色的森林草原生态旅游产业，逐渐成为京津地区市民夏季避暑、休闲旅游首选地之一，开创了林业建设与生态旅游融合发展的新纪元，森林旅游逐渐成为林场的支柱产业。塞罕坝国家森林公园累计接待中外游客600余万人次，创造社会综合效益超过20亿元。利用旅游收入反哺森林培育，使资源保护和旅游开发利用实现了可持续发展的良性循环。

图说塞罕坝

塞罕坝国家森林公园

塞罕坝生态旅游

七星湖　　　　　　　　　　亮兵台

秋狝文化园

自然保护区长足发展。塞罕坝自然保护区于 2002 年经河北省人民政府批准建立，2007 年晋升为国家级自然保护区，总面积 2 万公顷，主要保护对象为森林—草原—湿地交错带自然生态系统及其天然植被群落、滦河、辽河重要水源地及珍稀濒危野生动植物资源，塞罕坝地区的生态恢复朝着有机化、系统化的方向发展。2010 年被中国野生动物保护协会命名为第三批"全国野生动物保护科普教育基地"。林场通过建设国家森林公园和国家级自然保护区，不断加强自然保护地建设，保护生物多样性与地质地貌景观多样性，维护塞罕坝生态系统健康稳定，为社会提供科研、教育、体验、游憩等公共服务，生态成效愈发显著。

图说塞罕坝

塞罕坝国家级自然保护区（航拍湿地图）

国家Ⅰ级重点保护植物大花杓兰

国家Ⅰ级重点保护动物大鸨

　　以产业促发展成效明显。林场积极推进转型升级，坚守生态主阵地、培育绿色发展增长点，发展壮大绿化苗木、林下经济、生态旅游等新的支柱产业，有效带动林场生产发展、职工生活改善、周边群众脱贫致富。新建办公楼、营林区房舍，改造望海楼、检查站，新修林路、防火隔离带，安装通信网络、局域网、闭路电视，彻底改变了过去房屋老旧、设施落后、用水难、用电难、通信难的状况，大大改善了林场生产条件。在6个分场全部新盖了职工公寓楼，用近10年的时间在围场县城实施了六期安居工程，全场大多数职工在县城有了自己的楼房，成功解决了上学难、就医难等民生难题，历史性开创了生活城镇化、住宿公寓化、办公现代化、环境园林化的全新生活，大幅提升了林场职工的幸福指数。通过带动周边地区乡村游、农家乐、养殖业、山野特产等产业发展，创造了大量就业岗位，每年可实现社会总收入6亿多元，辐射带动周边群众脱贫致富，充分发挥了引领一地、带动一方、辐射周边、绿色发展的示范作用。

📖 图说塞罕坝

塞罕坝机械林场瞭望房舍的变迁

塞罕坝机械林场新修林路、望海楼

塞罕坝机械林场建场初期的职工住宿房舍和如今围场县城的居民小区

（二）塞罕坝绿色示范成效显现

从一棵树到一片林海，从造林护林到生态育林，从生态保护到林业惠民，塞罕坝机械林场飞速发展取得的显著成效，不仅造福了当地，也影响了全国，示范引领作用逐渐显现。

启动"再造三个'塞罕坝'"项目。1998 年，时任全国人大常委会副委员长邹家华带领国家计委、国家林业局等有关部委领导和专家专程考察京津周围绿化工程，沿丰宁向东来到塞罕坝，在一路严重沙化中发现了一片绿海，形成了强烈反差和视觉震撼，当即指出要推广优秀经验，"再造三个'塞罕坝'"。为贯彻落实党中央、国务院重大决策部署，国家计委决定在承德丰宁千松坝、承德围场御道口、张家口塞北三地建设大型生态林场，计划项目区长 360 公里，宽约 30 公里，总面积 1520 万亩，其中造林面积 521 万亩。一场旧貌换新颜的行动开始了。"再造三个'塞罕坝'"工程有效控制了土壤沙化，体现出巨大的生态价值。目前，河北省防沙治沙重点区域内的张家口、承德两市，由沙尘暴加强区变为阻滞区，缓解了"风沙紧逼北京城"的局势；降低了京津"三盆生命水"（官厅、密云、潘家口水库）的入库泥沙量，构筑起了护卫京津的生态防护林体系；促进了绿色产业蓬勃发展，帮助不少当地百姓摆脱了贫困。"再造三个'塞罕坝'"工程取得的明显成效，充分彰显了塞罕坝机械林场的典型示范意义。

历史瞬间

塞罕坝机械林场的生态建设成就得到了各级领导的 充分肯定和高度赞誉

1998年，全国人大常委会副委员长邹家华来场考察，提出"再造三个'塞罕坝'"。

1999年，中央政治局常委宋平来场视察，赞誉塞罕坝为"水源卫士，风沙屏障"。

1999年，原林业部副部长刘琨来场视察，留下"昔日塞罕坝尘沙飞舞乱石滚，今日塞罕坝林海松涛人如潮"的墨迹。

2003年8月，河北省委书记白克明来场视察，指出：保护好塞罕坝这万顷林海，别发生森林火灾，即使你们的GDP为零，也是你们最大的贡献，最大的政绩。

2005年，国家林业局副局长李育才来场考察，赞誉塞罕坝是"中国绿色明珠"。

2016年8月，中共中央政治局委员、中央组织部部长赵乐际来场调研，指出：林场组建50多年来，三代林场干部职工紧紧围绕构建京津生态屏障等功能定位，植树造林、苦干实干、久久为功，把塞罕坝这片荒漠变成百万亩茫茫林海，创造了艰苦奋斗、甘于奉献的宝贵精神财富。

2017年7月，中共中央政治局委员、中央书记处书记、中央宣传部部长刘奇葆来场调研，强调，要深入学习贯彻习近平总书记重要讲话精神特别是关于生态文明建设的重要论述，大力宣传塞罕坝林场植树造林的重大成就和感人故事，大力弘扬塞罕坝精神，推进生态文明建设，引导激励全国人民保护生态环境、建设美丽中国。

2017 年 8 月，国家林业局局长张建龙来场调研，指出，老一辈塞罕坝人在极其恶劣的自然条件下建成了世界上面积最大的人工林，铸就了塞罕坝精神，是推进全国林业系统改革发展的宝贵精神财富。

2017 年 9 月，中共中央政治局常委、中央书记处书记刘云山来场调研，指出，塞罕坝先进事迹感人至深，几代建设者不仅创造了"荒原变林海"的人间奇迹，更创造了十分宝贵的精神财富，值得我们大力学习弘扬。

将发展建设经验成功推广到河北省。曾任塞罕坝机械林场代理场长的李兴源，是育苗事业的奠基人、开拓者，1983 年破格提拔为河北省林业厅厅长，一干就是 15 年。以他为代表的一大批林场走出的优秀人才，被充实到河北省林业战线各个岗位，将在塞罕坝锤炼而成的优秀品格、工作作风，先进管理技术经验，带到了河北林业建设各领域，极大促进了河北林草事业不断取得新进展。

为"三北"工程建设、全国林业系统以及国际社会提供可借鉴的成功经验。"三北"工程开启后，塞罕坝机械林场第一任场长刘文仕，调任林业部西北华北东北防护林建设局副局长，将塞罕坝的先进管理经验、成功营造林技术、部分骨干人才引入"三北"工程建设实践中，持续发挥重要骨干带动作用。林场还先后获得了"全国绿化先进集体""国土绿化突出贡献单位""国有林场建设标兵""全国科技兴林示范林场""全国森林经营样板基地""履行《联合国森林文书》示范单位"等荣誉称号，发挥了日益巨大的引领示范作用。塞罕坝机械林场多年来全身心投入生态建设的实践得到充分肯定，带动了各类林业生态建设工程落地实施，极大鼓舞了全社会奋力推进国土绿化和生态文明建设的信心和决心。

图说塞罕坝

王尚海纪念林

　　王尚海纪念林位于千层板林场马蹄坑营林区，是塞罕坝机械林场总场第一任党委书记王尚海同志带领干部职工于1964年开展大面积机械造林成功的第一片人工林。这片英雄林每棵落叶松的年轮中，都记录着造林前辈们辛勤劳作的汗水和不畏艰苦的精神，是塞罕坝重染绿意的历史记载，也是塞罕坝创业者们集体智慧的体现。1989年，遵照王尚海同志去世前留下的遗愿，将部分骨灰撒在了这片林地上。1991年，为纪念他和像他一样的老一代创业元勋，将这片森林命名为"王尚海纪念林"。如今"王尚海纪念林"确定为森林生态文化示范林，作为宣扬森林文化、弘扬塞罕坝精神的重要载体。

王尚海纪念林

（三）塞罕坝精神内涵深化成熟

　　塞罕坝精神是伴随着塞罕坝机械林场在造林、营林、产业等一系列发展中，逐步走向成熟的。

　　行业精神动力激励林业事业发展。2010年6月，时任国家林业局局长贾治邦将塞罕坝精神内涵凝练为"艰苦创业、科学求实、无私奉献、开拓创新、爱岗敬业"，塞罕坝精神由林场精神上升为行业精神。同年7月，全国林业厅局长座谈会特意选在塞罕坝机械林场召开，会议主题是"大力弘扬塞罕坝精神，努力开创现代林业新局面"。贾治邦对塞罕坝精神给予了高度评价，指出"伟大的塞罕坝精神，是中华民族精神在林业行业的具体体现，是全国林业行业的宝贵财富，是激励广大务林人不断进取的旗帜，是发展现代林业、建设生态文明、推动科学发展的强大动力。大力弘扬塞罕坝精神，对于确保实现'双增'目标具有重大的现实意义，对于推动现代林业科学发展具有重要的示范意义，对于构建北方绿色生态屏障具有巨大的推动意义，对于引导全社会牢固树立生态文明观念具有深远的历史意义"。2010年12月，"塞罕坝精神"报告会在国家林业局成功举办，报告团成员塞罕坝机械林场场长刘春延、林场退休干部陈彦娴、资源科科长赵亚民、展览馆馆长刘晓秋分别作了报告。塞罕坝精神激励广大林草干部为发展现代林业、建设生态文明、促进科学发展作出新贡献。

图说塞罕坝

2010 年 7 月 12 日至 14 日，全国林业厅局长座谈会在塞罕坝机械林场召开

拓展阅读

塞罕坝赋

公元 2010 年 7 月 12 日至 14 日，有感于河北省塞罕坝机械林场之创业之艰、建功之伟、精神之佳，国家林业局专门于此召开了全国林业厅局长座谈会，倡导之，学习之，推广之，冀望以资推进现代林业建设。盛会圆满，乘兴议决，应为其赋，以志其事，以昭之后。即此赋曰：

京城北眺，内蒙南望，赫然映目，唯此林场。自古极尽繁茂，近世几番祸殃。水断流而干涸，地无绿而荒凉。哀花残叶败，惊风卷沙狂，感冬寒秋肃，叹人稀鸟亡。悲夫！

今朝看，百卉丛生兮春绽芬芳，赤日炎炎兮夏呈荫凉，硕果累累兮秋高气爽，枝繁叶茂兮冬赛温床。百万亩浩瀚林海，唯北半球无双。数世纪无垠荒原，恰屈指间绿装。远尘世之喧嚣，得桃源之和祥。截风沙以屏京津，蓄水源而泽城乡。夺世上之奇迹，筑人间之天堂。美哉！

沧桑之巨变，英雄而共创。蓝图绘于六二，先驱建场坝上。满蒙回汉，男女青壮。干部中坚，学子主将。再造青山，重绿林场。战荒原艰苦创业，斗苦寒奋发图强。栖窝棚以为房，饮浆汤而当粮。罹重病犹无畏，数星辰免思娘。六女上坝，留传奇故事。夫妻护林，舍子女抚养。场长冻伤双足，书记魂归坝上。惜人众而难枚举，俱事佳而非寻常。熠熠乎耀千古，灼灼乎垂华章。苍天应有泪，英雄自无悔。万难无屈服，百折不彷徨。韶华凝热血，信念铸诗行。风雨赢伟业，奋斗绽光芒。且喜山川染绿，更庆新人担纲。秉现代林业理念，逐生态文明巨浪。求三大效益统一，引科学发展远航。继传统而心齐气壮，建新城而场兴业旺。

二〇一〇，群贤毕至，盛会一堂。追念先辈，集萃经验，共话理想。于是焉美名天下颂，塞罕坝精神四海扬：艰苦创业，虽盘古而惊叹。无私奉献，即神农亦景仰。科学求实，戒缘木以求鱼。开拓创新，耻邯郸仿学步。爱岗敬业，胜大禹不恋堂。佼佼乎，宇内

塞罕坝赋石碑

成翘楚。巍巍乎，业界立旗榜。

东风催响战鼓，征途万里犹长。盛誉之塞罕坝，前程更其无量。须信青山恒久，自当万古流芳。歌兮唱兮，世代不忘！寄语务林众者，携手共育栋梁。千百之塞罕坝，巍然遍乎四方。铸生态屏障更辉煌，开现代林业新篇章。赞兮颂兮，举世敬仰！

全国绿化委员会　国家林业局

图说塞罕坝

2010年12月20日，国家林业局举办"学习弘扬塞罕坝精神　深入推进创先争优活动报告会"

省域精神动力激励河北事业发展。2016年，河北省委将塞罕坝精神内涵概括凝练为"牢记使命、艰苦创业、开拓创新、绿色发展"，这标志着塞罕坝精神从行业精神动力进一步发展到省域精神动力，成为河北省大力学习弘扬的精神标杆。为适应新时代发展要求，河北省以塞罕坝精神为引领，坚持尊重自然、生态优先，持之以恒、善作善成，创新驱动、转型发展，全民参与、共建共享，全力打造京津冀生态环境支撑区，打好污染防治攻坚战，营造良好人居环境，推动形成节约资源和保护环境的空间布局、产业结构、生产方式和生活方式，奋力开创新时代全面建设经济强省、美丽河北新局面。

塞罕坝精神激励生态文明事业发展。2017年8月，习近平总书记对塞罕坝机械林场建设者感人事迹作出重要指示：55年来，河北塞罕坝林场的建设者们听从党的召唤，在"黄沙遮天日，飞鸟无栖树"的荒漠沙地上艰苦奋斗、甘于奉献，创造了荒原变林海的人间奇迹，用实际行动诠释了绿水青山就是金山银山的理念，铸就了牢记使命、艰苦创业、绿色发展的塞罕坝精神。他们的事迹感人至深，是推进生态文明建设的一个生动范例。总书记强调，全党全社会要坚持绿色发展理念，弘扬塞罕坝精神，持之以恒推进生态文明建设，一代接着一代干，驰而不息，久久为功，努力形成人与自然和谐发展新格局，把我们伟大的祖国建设得更加美丽，为子孙后代留下天更蓝、山更绿、水更清的优美环境。这标志着全党全社会广泛学习弘扬的塞罕坝精神正式形成。

四、生态文明的生动范例（2017至今）

自2017年习近平总书记提出塞罕坝精神内涵，到2021年塞罕坝精神上升为中国共产党人精神谱系的组成部分，塞罕坝机械林场开启了二次创业新征程，这是塞罕坝精神的继续升华，是生态文明战略和绿色发展理念的进一步贯彻落实和持续深化。

（一）塞罕坝精神动力激发新作为

塞罕坝机械林场深入贯彻习近平总书记重要指示批示精神，以塞罕坝精神为引领，结合林场发展实际，科学制定新时代林场建设发展蓝图，持续不断激发新作为，取得了一个又一个显著成就。

强化顶层设计，筑起生态保护的制度"堡垒"。林场确立"生态优先，保护第一"发展理念，提出"生态优先、采育结合、持续经营、和谐发展"的经营方针，相继出台《河北塞罕坝机械林场总体规划（2017—2030)》《河北省塞罕坝机械林场森林经营方案（2021—2030)》《塞罕坝机械林场及周边地区可持续发展规划（2018—2035)》《塞罕坝机械林场及周边区域森林草原生态保护规划（2020—2035)》等文件，统筹规划未来发展方向，切实提升林场可持续发展质效。

坚持实干为先，坚决扛起绿色发展的重任。一是植树造林方面。

2017 年以来，林场将土壤贫瘠、岩石裸露的石质阳坡作为攻坚造林重点，5 年来累计造林 10.36 万亩，林场内石质荒山全部实现绿化，森林面积增加到 115.1 万亩。石质荒山攻坚造林任务基本完成，造林成活率达到 99%。幼树成林后，这片世界最大的人工林，森林覆盖率将达到 86% 的饱和值。二是资源管护方面。秉承"生态建设为主，护林防火第一"理念，以《塞罕坝森林草原防火条例》为抓手，建立完备的森林防火指挥体系、立体预防体系、基础设施建设体系、法规体系、常态化宣传体系，强化预警监测、专业扑救、通信指挥、林火阻隔、物资保障等建设，保持着建场以来从未发生森林火灾的好成绩；坚持"预防为主、科学治理、依法监管、强化责任"森防方针和"突出重点、分类施策、综合治理"防控原则，建立行之有效的有害生物防治体系，编制主要林业有害生物识别与调查、主要林业有害生物防治方法、林业植物检疫技术、严控松材线虫病重大外来物种入侵等各类指导文件，加强防治、监测检疫专业队伍建设和基础设施建设，始终将林业有害生物成灾率控制在 3‰ 以下。三是林业产业方面。林场积极发展绿化苗木、林下经济、自然教育等产业，实现年主营业务收入 26.4 亿元，其中森林抚育与利用原木产品 17.5 亿元，工程造林与园林绿化苗木 1.8 亿元，生态旅游 5.6 亿元。经过多年积累，林场现有资产总价值达 231.2 亿元，真正实现了生态美、产业兴、百姓富。

坚持示范在先，昂首迈进"二次创业"新征程。首先，明确"二次创业"发展部署。为贯彻落实习近平总书记考察塞罕坝机械林场时作出的重要指示，2021 年国家林业和草原局、河北省政府办公厅先后印发《关于支持塞罕坝机械林场二次创业的若干措施》《推进塞罕坝机械林场"二次创业"实施方案》，截至目前各项工作有序实施，各大工程已取得阶段性成效。2024 年《河北省人民政府办公厅关于河北省塞罕坝机械林场"二次创业"高质量发展的实施意见》《河北省塞罕坝机械林场"二次创业"三年行动方案（2024—2026 年）》相继印发，明确 2026 年、2030 年、2035 年三个重要节点工作目标，指出将实施塞罕坝精神铸魂、生态系统提质、生物多样性保护、数字赋能绿色低碳经济、创新驱动科技支撑、森林草原智慧防灾减灾、基础设施升级改造 7 大工程，并提出具体要求。这对进一步激发林场发展活力，全面提升林场治理能力和治理水平，持续推动"二次创业"高质量发展提供了政策支撑和工作保障。2022 年 8 月 23 日，在习近平总书记考察河北省塞罕坝机械林场一周年和塞罕坝建场 60 周年之际，国家林业和草原局召开弘扬塞罕坝精神座谈会，会上，时任国家林业和草原局局长关志鸥强调，要大力弘扬塞罕坝精神，推动塞罕坝机械林场"二次创业"。其次，精准提升森林质量。2022 年林场造林方向转为林冠下造林，引进阔叶林，采用针叶、阔叶等混交的方式，构建多树种、多层次、复合式的森林结构，加快形成结构丰富、功能稳定的森林生态系统，逐步使林分达到近自然的状态。2023 年林场 8000 亩造林地块首次全部采用混交造林模式，一半冠下栽植阔叶林和灌木，一半采取针阔混交或块状混交，这是一个足以载入林场发展史的新变化。

▣ 特别关注

国家林业和草原局召开弘扬塞罕坝精神座谈会
弘扬塞罕坝精神　发挥"四库"作用
加快推进林草工作高质量发展

2022 年 8 月 23 日，在习近平总书记考察河北省塞罕坝机械林场一周年和塞罕坝建场 60 周年之际，国家林业和草原局召开弘扬塞罕坝精神座谈会，重温习近平总书记重要指示批示精神，大力弘扬塞罕坝精神，推动塞罕坝机械林场"二次创业"和我国林草工作高质量发展。

会议强调，要深入学习贯彻习近平总书记系列讲话重要指示批示精神，大力弘扬牢记使命、艰苦创业、绿色发展的塞罕坝精神，坚决扛起生态保护修复的政治责任，切实履行好林草部门的核心职能。

会议以线上、线下相结合的方式召开，主会场设在塞罕坝机械林场，在各省（区、市）和新疆生产建设兵团林草主管部门及六大森工集团设立分会场。会上表彰了全国绿化先进集体、劳动模范和先进工作者，举行了中共国家林业和草原局党校塞罕坝分校揭牌仪式，专题学习了中国共产党人精神谱系和塞罕坝精神，全国绿化先进集体和个人代表、省级林草主管部门负责同志代表分别作了发言。

（来源：《中国绿色时报》，2022 年 8 月 24 日）

📖 **拓展阅读**

塞罕坝林场 2040 年混交林占比将超 40%

《河北省塞罕坝机械林场营造近自然异龄混交林工作方案》日前印发，规划到 2040 年，林场混交林面积新增 24.4 万亩，总面积达到 49 万亩，混交林占比超过 40%，构建起多树种、多层次、复合式的森林结构。

《方案》根据林场林分不同起源、结构特点，有针对性地采取保护性抚育措施促进形成混交林、针叶纯林近自然转化、天然次生林近自然转化、低质低效林改造混交林、促进天然更新林形成异龄混交林、荒山沙地混交造林、保障性苗圃建设等 7 种改造模式。

《方案》将林场森林经营类型划分为严格保育公益林、以生态服务为主导功能的多功能兼用林和以林产品生产为主导的多功能兼用林三类。保护区核心区内严格保育公益林暂缓混交营造，保护区实验区和缓冲区的人工林实施生态抚育作业，保护区外的多功能森林实施人工林冠下造林等措施调整林龄结构和树种组成。

（来源：《中国绿色时报》，2023 年 4 月 27 日）

2022 年，党的二十大胜利召开，习近平总书记强调："尊重自然、顺应自然、保护自然，是全面建设社会主义现代化国家的内在要求。"中国式现代化，一个重要特征是"人与自然和谐共生的现代化"；实现既定奋斗目标，一个重要要求是"站在人与自然和谐共生的高度谋划发展"。下一步，新时代塞罕坝人将继续在新征程上踔厉奋发、攻坚克难，大力实施森林质量提升工程，在深化国有林场改革、推动绿色发展、增强碳汇能力、加强林业科研、打造智慧林场，不断在"二次创业"中探索新路径、取得新成效，持续在建设美丽中国上走在前、做表率，切实把半个多世纪接续奋斗的成果抚育好、管理好、保障好。

（二）塞罕坝精神引领辐射新维度

塞罕坝机械林场的典型示范作用从实践维度上升到精神维度，不断影响并启迪着精神文化、生态保护、国际合作等领域，引领辐射作用不断扩大深入。

塞罕坝精神在全党全社会广泛学习宣传。一是主流媒体引领。2017年，中央宣传部组织"塞罕坝机械林场生态文明建设范例新闻采访团"赴塞罕坝开展主题采访活动，掀起了塞罕坝机械林场作为"生态文明建设范例"系列报道的高潮。人民日报社、新华社、中央广播电视总台等主流媒体分别从不同角度报道了塞罕坝林场的先进事迹，通过系列专题、长篇通讯、报告文学、微纪录片、动漫等多种形式对塞罕坝精神进行宣传和阐释，推广塞罕坝生态文明建设范例的经验。省级以上媒体推出塞罕坝相关报道累计达900余篇（条），塞罕坝网络话题阅读量超8亿次。二是典型事例宣传。塞罕坝先进事迹报告团先后在北京、河北、青海、天津等二十余个省市及部委举行塞罕坝机械林场先进事迹报告会。报告会深入宣传了习近平总书记重要指示精神，广泛弘扬了塞罕坝机械林场先进事迹，在全国范围引发强烈社会反响。三是真实史料呈现。塞罕坝展览馆作为宣传弘扬塞罕坝精神的重要阵地，集中展示了塞罕坝林业生态建设成就，通过实物、照片、视频等多种真实史料的呈现，带领广大参观者共同穿越林场艰苦创业的历程，见证一棵树如何变成一片海的"绿色奇迹"。塞罕坝展览馆作为中国林业建设成就的重要展示窗口，同时也肩负着国家生态文化建设教育及弘扬社会主义核心价值观的重要职能。四是文艺作品传播。自2017年以来，以弘扬塞罕坝精神为主题的文艺作品全面开花，先后创作了电视剧《最美的青春》、电影《那时风华》、音乐会《绿色交响》、话剧《塞罕长歌》、诗歌《塞罕坝之歌》、原创音乐剧《青山谣》、歌舞剧《情系塞罕坝》等系列文艺作品 300 余个。一批批优秀文艺作品先后亮相，让塞罕坝精神的社会讨论度直线攀升，塞罕坝精神宣传辐射作用在公众中广泛显现，切实推动了塞罕坝精神学得深、叫得响、带得走。

知识链接

塞罕坝展览馆

塞罕坝展览馆是全国爱国主义教育示范基地、全国林业再造秀美山川示范教育基地、"绿水青山就是金山银山"实践创新基地、中央国家机关思想教育基地。该馆始建于 1992 年，经过多次改建和扩建，现占地面积 5900 平方米，建筑面积 2239 平方米。

展览馆设有"五厅一室"的总体格局，包括四个展厅、一个 5D 沉浸式体验厅和一个多功能宣教室。其中，第一展厅的主题是"艰苦创业"，以时间为序，结合典型人物故事，展示了塞罕坝机械

塞罕坝展览馆

林场从一棵松到一片林的艰苦创业历程。第二展厅的主题是"改革创新"，主要表现几代塞罕坝人接力传承，创新发展，取得的生态文明建设成就及其示范作用。第三展厅的主题是"绿色发展"，从资源培育、资源保护、基础设施建设、组织建设等几方面展示了林场绿色发展情况。第四展厅的主题是"生态文明"，展示了新时代塞罕坝创新、绿色、高质量发展宏伟蓝图和未来构想。

反映塞罕坝精神的优质影视作品(左为电视剧《最美的青春》，右为电影《那时风华》)

塞罕坝展览馆先后接待了众多党和国家领导人和省部级领导的视察参观，现年均接待参观者15万人次，已经成为塞罕坝机械林场建设的重要展示窗口，肩负着国家生态文化建设教育及弘扬社会主义核心价值观的重要职能。

（来源：塞罕坝机械林场）

特别关注

刘云山会见塞罕坝林场先进事迹报告团

2017 年 8 月 30 日，时任中共中央政治局常委、中央书记处书记刘云山在北京会见塞罕坝林场先进事迹报告团成员，代表习近平总书记，代表党中央，向报告团成员和塞罕坝林场干部职工表示亲切问候，对学习宣传塞罕坝林场先进事迹提出要求。

习近平总书记日前作出重要指示，称赞塞罕坝林场是推进生态文明建设的生动范例，号召全党全社会大力弘扬牢记使命、艰苦创业、绿色发展的塞罕坝精神，持之以恒推进生态文明建设，努力形成人与自然和谐发展新格局。

刘云山在会见报告团时说，塞罕坝林场三代人 55 年坚持坚守、不离不弃，创造了沙漠变绿洲、荒原变林海的人间奇迹，以实际行动诠释了"绿水青山就是金山银山"的理念，不愧为生态文明建设的一面旗帜。塞罕坝人种下的不仅仅是一棵棵树，更是一种信念、一种精神，造就的不仅仅是一座美丽高岭，更是一座受人景仰的精

2017 年 9 月 11 日，河北塞罕坝机械林场先进事迹报告巡讲会在福建会堂举行（来源：《福建日报》）

神高地。

刘云山强调，要认真贯彻习近平总书记重要指示，大力学习弘扬塞罕坝精神，更好激发干部群众干事创业。要不忘初心、忠于职责，把对党和人民事业的忠诚转化为做好工作的强大动力。要保持艰苦奋斗、科学求实的作风，发扬钉钉子精神，迎难而上、久久为功，把业绩写在山川大地上；要坚定不移走绿色发展之路，为子孙后代留下天更蓝、山更绿、水更清的优美环境。要把塞罕坝林场创

2017 年 9 月 17 日，河北塞罕坝机械林场先进事迹报告会在呼和浩特举行（来源：封捷然著《塞罕坝之魂》）

2021 年 5 月 7 日，塞罕坝精神先进事迹报告团应邀走进雄安新区（来源：承德市人民政府官网）

业史、奋斗史作为社会主义核心价值观教育的生动教材，广泛宣传学习，推动塞罕坝精神和绿色发展理念更加深入人心。

塞罕坝精神的示范带动作用在全国范围内愈发显现。2017 年以来，中共承德市委、中共河北省委、国家林草局、中宣部等单位先后作出向塞罕坝机械林场学习表彰的决定。林场先后获得"河北省社会主义核心价值观涵养基地""'绿水青山就是金山银山'实践创新基地""全国先进基层党组织""全国绿化先进集体"等荣誉称号，学习塞罕坝先进集体、弘扬塞罕坝精神热潮在全国形成。2021 年 11 月，中共国家林业和草原局党校在塞罕坝机械林场成立分校，主要围绕生态文明、林草特色党性教育，特别是塞罕坝精神教育，开发特色课程和教材，开展现场教学，培养师资队伍，为塞罕坝精神的研究与传播搭建了有效平台。如今，在塞罕坝精神感召下，林草领域涌现出一批学习借鉴塞罕坝精神的优秀案例，如河南"塞罕坝"——民权林场、浙江也有个"塞罕坝"——临海林场等，充分展示了塞罕坝精神的强大影响力。

拓展阅读

河南"塞罕坝"的绿色传奇

位于豫东民权林场的申甘林带，东西长 25 公里，南北宽 2～4 公里，面积 6.9 万亩，是亚洲十大、中国四大平原人工防护林之一，被誉为黄河故道上的"绿色长城"，有河南"塞罕坝"之称。

流连于此的文学家说，这是一方热土；画家说，这是一方秀土；历史学家说，这是一方厚土。读罢青年作家欧阳华的长篇报告文学《申甘播绿记》，不能不惊叹于他们观察之细致、思考之深邃。无声的历史，在此脉动乃至跳跃：68 年前，这里沙丘连绵无边，寸草不生，风沙肆虐，苦楚贫瘠；68年后，这里碧野翠色欲流，林海郁郁苍苍，四时鸟鸣，富庶太平。从"狂风黄沙枉断肠"到"林海滔滔百万兵"，是什么造就了这绿色传奇？

答案还要从这里的人身上去找。这里的人民，演绎奋斗之美。行动，是理想最高贵的表达。民权造林人筚路蓝缕、播绿故道的连绵群像，堪与五彩斑斓的风景媲美。他们中，有祖孙三代接力造林，默默付出的翟际法、翟鲁民、翟文杰；有激情满怀地来到黄河故道，心里只有这片葱郁树林的老场长康心玉；有誓让沙荒变林海，在此写下忠于职守篇章的一对来自异乡的热血青年佟超然、张玉芝；有耄耋之年初心不改的林业劳模"老坚决"潘从正；有默默驻守林间小木屋，用脚步丈量着林区每一寸土地，坚守护林岗位的底世俊、李东亮……正是他们年复一年地劳作，才使昔日狂风肆虐、黄沙蔽日的黄河故道，变成了如今碧波万顷、风景宜人的绿色林海，他们的身影是林区最美的风景！

这里的气象，折射精神之美。68年来，三代林场人牢记使命，甘于奉献，铸就了艰苦奋斗的河南"塞罕坝"精神。饿了啃口干馍，累了沙窝支个帐篷，总结出"高栽杨槐低栽柳"的栽种方法和"坑挖深、土埋实、树行与风向垂直"的种植技术，杨树、刺槐良种选育始终领先全国……平凡的壮举，展现着河南林业人的纯朴形象，彰显着中原儿女创造创新的出彩之旅。

如此斑斓的风景，如此动人的风采，既有予人愉悦的物象，更有予人震撼的精神。作家欧阳华感慨地介绍：她是哭着、笑着采访写作的，沾着泥土的资料，冒着热气的故事，带着露珠的采访，让她深刻地领略到林业部首任部长梁希对造林人的定位："替山河妆成锦绣，把国土绘成丹青，新中国的林人，同时是新中国的艺人。"这些可敬可爱的林人、艺人，与其说是在播绿于黄河故道，不如说是在播种希望。

（来源：河南省林业局官网，2021 年 10 月 8 日）

浙江也有个"塞罕坝"

在浙江台州临海，也有一个"塞罕坝"，跨越六十五载，临海林场三代护林员艰苦奋斗、改革兴业、绿色发展，在他们的"红色接力"中，敢教荒山换新颜，守得青山拓金山，把昔日无人问津的"帽子山"变成幅员 5.7 万亩的国家森林公园。从连绵荒山到茫茫林海，从绿化祖国到美丽中国，正是因为他们的忠诚使命、奋斗不止，抱定"不为青史留名，只为青山着绿"的坚定信念，攻克一个又一个"腊子口"，把一个又一个"不可能"变成"可能"。临海林场三代护林人植绿、守绿、富绿，是"绿水青山就是金山银山"理念的鲜活体现，是当好"红色根脉"传承人、守护者的生动教材，成为浙江人民践行"两山"理念，打造浙江样板、全国标杆的先行力量。

（来源：浙江林业微信公众号，2022 年 7 月 1 日）

塞罕坝精神引领作用从国内辐射至国际。塞罕坝生态建设实践可借鉴、可复制的成功模式，引起国际社会广泛关注。2017 年 12 月 5 日，塞罕坝机械林场荣获联合国环保领域最高奖项"地球卫士奖"，这是联合国和世界对中国绿色发展理念、中国生态文明建设和塞罕坝精神的高度肯定。联合国副秘书长、环境规划署执行主任索尔海姆在考察塞罕坝后表示，这次塞罕坝之行，让他深深地被塞罕坝精神和林场建设成果打动，"地球卫士奖"实至名归。2021年9月，在第八届库布其国际沙漠论坛上，塞罕坝机械林场荣获联合国防治荒漠化领域最高荣誉"土地生命奖"，表彰其在荒漠化与土地退化治理方面为世界作出的杰出贡献。从库布其到毛乌素，植树造林不仅平息了为祸多年的风沙危害，也引领广大沙区群众走上脱贫致富之路，植树造林成为我国全社会共识，这份共识也将乘着塞罕坝精神这股"东风"，辐射至世界各个角落。塞罕坝精神将促使中国先进生态文明建设经验走出国门，紧密与世界各国在生态文明建设领域开展更广泛、更深度的合作，共同应对全球生态环境问题，为人类可持续发展作出更大贡献。

（三）塞罕坝精神地位上升新高度

2021年8月23日，习近平总书记亲临塞罕坝机械林场视察时指出，塞罕坝精神是中国共产党人精神谱系的组成部分，全党全国人民要发扬这种精神，把绿色经济和生态文明发展好。塞罕坝要更加深刻地理解生态文明理念，再接再厉，"二次创业"，在新征程上再建功立业。

党中央在中华人民共和国成立72周年之际批准了中央宣传部梳理的第一批46个纳入中国共产党人精神谱系的伟大精神，塞罕坝精神名列其中。中国共产党人精神谱系是一幅中国共产党团结带领全国人民在救国、兴国、富国以及强国的不同历史进程与时代条件下，为实现中华民族伟大复兴而接续奋斗的精神风貌图谱。

塞罕坝精神纳入第一批中国共产党人精神谱系，意味着塞罕坝精神地位上升至新的高度，成为中国共产党人始终坚持绿色发展理念、持续推进美丽中国建设的动力源泉。

≣▽ **特别关注**

中国共产党人精神谱系第一批伟大精神正式发布

2021 年是中国共产党成立 100 周年。习近平总书记强调，一百年来，中国共产党弘扬伟大建党精神，在长期奋斗中构建起中国共产党人的精神谱系，锤炼出鲜明的政治品格。近日，党中央批准了中央宣传部梳理的第一批纳入中国共产党人精神谱系的伟大精神，在中华人民共和国成立 72 周年之际予以发布。

第一批纳入中国共产党人精神谱系的伟大精神是：建党精神；井冈山精神、苏区精神、长征精神、遵义会议精神、延安精神、抗战精神、红岩精神、西柏坡精神、照金精神、东北抗联精神、南泥湾精神、太行精神、吕梁精神、大别山精神、沂蒙精神、老区精神、张思德精神；抗美援朝精神、"两弹一星"精神、雷锋精神、焦裕禄精神、大庆精神（铁人精神）、红旗渠精神、北大荒精神、塞罕坝精神、"两路"精神、老西藏精神（孔繁森精神）、西迁精神、王杰精神；改革开放精神、特区精神、抗洪精神、抗击"非典"精神、抗震救灾精神、载人航天精神、劳模精神、劳动精神、工匠精神、青藏铁路精神、女排精神；脱贫攻坚精神、抗疫精神、"三牛"精神、科学家精神、企业家精神、探月精神、新时代北斗精神、丝路精神。这些精神，集中彰显了中华民族和中国人民长期以来形成的伟大创造精神、伟大奋斗精神、伟大团结精神、伟大梦想精神，彰显了一代又一代中国共产党人"为有牺牲多壮志，敢教日月换新天"的奋斗精神。

要坚持以习近平新时代中国特色社会主义思想为指导，深入学习贯彻习近平总书记"七一"重要讲话精神，在全党全社会大力弘

第一批纳入中国共产党人精神谱系的伟大精神

扬伟大建党精神、深入宣传中国共产党人精神谱系，将其作为党史学习教育和"四史"宣传教育的重要内容，更好地鼓舞激励党员干部群众弘扬光荣革命传统、赓续红色血脉，不断增强"四个意识"、坚定"四个自信"、做到"两个维护"，为实现中华民族伟大复兴凝聚起奋勇前进的强大精神力量。

（来源：《人民日报》，2021 年 9 月 30 日）

历史的车轮还在继续，从初代造林到"二次创业"，从因林而生到与林共进，塞罕坝演绎的始终是对绿色理念的坚守，对永续发展的践行，对绿水青山就是金山银山的探索，对人与自然和谐共生的向往。塞罕坝精神的萌芽、成长到成熟和升华，既体现在塞罕坝人 60 余年的不懈奋斗，也体现在我国生态文明建设的不断完善，更体现在中国共产党人红色血肉的一脉相连，其发展历程中一条主线贯穿到底的是一代代塞罕坝人红色精神的赓续传承，在伟大建党精神引领下，所承载的红色基因将持续迸发出强大精神力量。

权威声音

关志鸥（第十三届全国人大代表，时任国家林业和草原局党组书记、局长）：塞罕坝精神能够与井冈山精神、长征精神、延安精神、抗战精神、抗美援朝精神、"两弹一星"精神、焦裕禄精神、北大荒精神等一同纳入第一批中国共产党人精神谱系，是全体林草系统的骄傲和自豪。因为这些精神集中彰显了中华民族和中国人民长期以来形成的伟大创造精神、伟大奋斗精神、伟大团结精神、伟大梦想精神，正是这些精神使我们党历经百年而风华正茂，饱经磨难而生生不息。我们将深刻领会落实习近平总书记在河北塞罕坝机械林场考察时的指示精神，大力弘扬塞罕坝精神，让塞罕坝精神融入每一名林草工作者的血脉之中，牢固树立山水林田湖草沙是一个生命共同体理念，以"功成不必在我"的思想境界和"功成必定有我"的使命担当，努力推动林草工作高质量发展不断取得新成效。

第二节　孕育精神硕果的丰厚沃土

一、"一张蓝图绘到底"的生态战略

塞罕坝精神的形成并非一蹴而就，也非顺风顺水，而是中国共产党领导三代塞罕坝机械林场建设者克服诸多艰难险阻，在植树造林、绿化祖国、生态文明伟大实践中形成的崇高精神。在这个过程中，党和国家

生态建设战略的实施发挥着决定性作用。

生态建设战略为塞罕坝精神形成奠定了坚实的时代基础。以毛泽东同志为主要代表的中国共产党人提出"绿化祖国",强调发展林业、兴修水利、节约和综合利用资源等倡议,意在减灾防害、改善生活状况,是我国生态建设战略的重要开端。随着改革开放和社会主义现代化建设的不断深入,以邓小平同志为主要代表的中国共产党人不断调整生态建设方向,加大生态建设力度,制定完善相关法律法规,修订《宪法》,明确"国家保护环境和自然资源,防治污染和其他公害"的法律规定,颁布实施新中国第一部关于环境保护的专门法律文件《中华人民共和国环境保护法(试行)》,我国生态建设战略进入新阶段。以江泽民同志为主要代表的中国共产党人将生态建设纳入国家可持续发展战略,与经济发展并重,生态建设战略地位得到确立并不断加强。以胡锦涛同志为主要代表的中国共产党人提出科学发展观,并在党的十七大正式提出"建设生态文明"的重要命题,成为实现中国特色社会主义现代化战略目标的重要组成部分。党的十八大以来,以习近平同志为核心的党中央把生态文明建设纳入中国特色社会主义"五位一体"总体布局,并提出建设生态文明和美丽中国的战略目标和重点任务。将生态文明建设逐渐融入经济、政治、文化、社会建设全方位和全过程,并取得历史性显著成效。生态建设是重大而持久的政治责任、历史责任和民族责任,塞罕坝机械林场的成功之路,亦是我国生态建设战略的荣耀之路,印证了我国生态建设战略的前瞻性、科学性和持续性。

塞罕坝精神是落实生态建设战略的必然结果。一是作出建场决策。党和国家在经济艰难、物资匮乏的"三年困难时期",从生态建设大局出发,为改善华北地区生态环境,改善京津地区气候条件,毅然作出建设塞罕坝机械林场的重大战略决策，充分体现了党和国家的远见卓识和英明决策。二是规划发展蓝图。早在塞罕坝机械林场设立之初，党和国家规划了四项任务，一脉相承地贯穿在林场建设和发展过程中，现在看来仍然颇具远见。在不同历史时期，林场与时俱进谋划事业发展宏伟愿景，对持续推进造林、营林、科技、产业、民生等各项事业发展起到了不可替代的作用。塞罕坝人在一张张蓝图指导下薪火相传，放眼长远、稳扎稳打、锲而不舍、久久为功，可谓"一张蓝图绘到底"。

二、"集中力量办大事"的制度优势

从直观上看，塞罕坝是绿色的；从精神上看，塞罕坝是红色的。塞罕坝精神的形成历程体现了党的强大领导力，彰显了社会主义制度的优越性。

党的坚强领导是中国特色社会主义制度的最大优势，是塞罕坝成为生动范例和精神楷模的根本原因。"为中国人民谋幸福，为中华民族谋复兴"，这是我们党始终秉持的初心使命。新中国成立初期，以毛泽东同志为主要代表的中国共产党人勇于承担偿还生态欠账的历史重任，在恢复和发展国民经济的同时，高度重视林业建设和生态修复。顺应时代发展要求，塞罕坝机械林场应势而生，建设大幕徐徐拉开。1962年，林业部与承德专署几经筛选，任命原承德地委委员、承德专署农业局局长王尚海为党委书记，承德专署林业局局长刘文仕为场长，丰宁县副县长王福明为副场长，林业部造林司工程师张启恩为技术副场长，为塞罕坝机械林场组建了一支坚强有力的领导班子。与此同时，东北林学院 47 人、承德农业专科学校 53 人、白城林业机械化学校 27 人的大中专毕业生 127 人，与原承德专署塞罕坝机械林场、围场县大唤起林场、阴河林场的 242 名干部职工共同组成了 369 人的创业大军，

他们的平均年龄只有 24 岁，这群热血青年以"把党交给的工作做好"为人生目标，"坚决服从党安排，党让干啥就干啥"，抱定"既来塞罕坝，这里就是家"的坚定信念，在极其艰苦的条件下，不负重托、不辱使命，在沙化严重、寒风凛冽的荒原植树造林，将一生播撒在塞罕坝的土地上。塞罕坝造林事业之所以取得如此巨大的成功，铸就如此坚强的队伍，源于塞罕坝人始终坚持党的全面领导，源于我们党强大的领导力与凝聚力。

历史瞬间

东北林学院毕业生合影

承德农业专科学校部分学生合影

白城林业机械化学校 1963 年毕业生合影

　　稳定适宜的管理体制机制是塞罕坝机械林场保持高速发展的重要原因。60 余年来，党中央、国务院，国家林草主管部门和河北省委、省政府对塞罕坝机械林场的建设发展一直高度关注、高度重视。及时研究制定出台相关政策措施，为林场提供稳定资金支持；鼓励林场开展科技攻关和技术创新，助力林场发展始终走在全国国有林场前列；关心支持林场人才培养，重视人才、尊重人才，推动人才队伍高效服务林场事业发展。特别是在人才培养方面，从 80 年代起，林场与上级单位之间就形成了人才双向流动机制。一方面，国家林草主管部门多批次安排年轻精干力量赴塞罕坝实践锻炼、学习交流，仅 1984 年至 1985 年的一年内，林业部派到塞罕坝锻炼的大学毕业生就达 26 人，这些年轻干部为林场事业发展贡献了青春智慧，也在塞罕坝精神影响下砥砺了意志品格，逐步成长成才。另一方面，国家林业和草原局、河北省政府也根据事业发展需要从塞罕坝选拔任用优秀干部，这些杰出人才将林场先进经验做法和塞罕坝精神推广至全国林草系统，实现了林场持续快速发展和林草事业改革创新的互利双赢，例如，塞罕坝林场第一任场长刘文仕，后任

"三北"防护林建设局副局长；在塞罕坝工作了 20 多年的"革新能手"李兴源，1983 年由代理场长破格提拔为河北省林业厅厅长，连任三届。这些塞罕坝走出来的优秀人才不忘初心使命，秉承增绿护绿信念，将塞罕坝精神的种子播撒到祖国生态建设的主战场。生态建设是一项国家战略，也是一项公益事业，加之林区大都地处偏远，合理适宜的体制机制保障了发展资源要素能够长期稳定供给，为林场发展提供了源源不断的发展动力。

📖 拓展阅读

1984—1985 年林业部派到塞罕坝锻炼工作的 26 名人员
在建场 40 年之际写给塞罕坝机械林场的贺信

塞罕坝机械林场张海场长、韩国义书记，并转告有关科室分场领导、各位朋友：

欣悉我们的第二故乡建场 40 周年，我们 26 位 80 年代初曾经在此学习锻炼过的同志，谨致以衷心的祝贺！

怎能忘记，1984 年，当共和国正涌动着改革大潮，莘莘学子胸怀壮志、奔赴祖国各地时，塞罕坝也张开双臂迎来了一批特殊的客人——这就是我们 26 位来自四面八方、分属不同院校的大学生，从喧闹熟悉的大学校园来到陌生静谧的坝上高原，从稚气未脱的青年学子到以林为业的工作人员，环境变了，身份变了，我们既好奇也迷茫，既热情也幼稚，既勤奋也盲目，在这人生的转折点上，正是热情的塞罕坝人教会了我们怎样做人，怎样奋斗，怎样设计前途和命运，怎样面对困难和挫折。是的，塞罕坝的山水给了我们以灵秀；塞罕坝的林草给了我们以智勇；塞罕坝的精神重新塑造了我们的灵魂；塞罕坝已经熔铸到我们的血脉。

是的，塞罕坝是值得骄傲的。一代代的塞罕坝人在这块荒凉的土地上，赢得了一个又一个奇迹，创造了一个神话。靠着冲天的干劲和崇高的精神，凝聚着绿色创业者的无数艰辛，经过40年的不懈奋斗，开拓创新，如今，塞罕坝已成为我国北方最大的人工林海；一个天然的动植物王国；一个遐迩闻名的旅游胜地；一个奇珍异宝的资源宝库；一个浓郁瑰丽的文化圣殿；一个特色鲜明的思想教育基地。茫茫的林海，似长城，似堡垒，阻击着风沙，屏护着京津，美丽的塞罕坝，用成就和功劳，用鲜花和掌声树起了一面生态建设的大旗，走出了一条林业开发的崭新道路。

塞罕坝是美的象征，是绿的代表，你是我们的第二故乡，你是我们的精神源泉。我们为你而骄傲和自豪，也为我们曾有幸亲手装点你的美景而骄傲和自豪。

如今，我们26人在各自岗位建功立业，无愧于当年同志们的关心与爱护。虽然奋斗在不同的战线，但是我们无时无刻不在思念塞罕坝，眷恋塞罕坝，我们心往塞罕坝想，劲往塞罕坝使，千方百计为你的发展壮大而献计献策，尽心尽力。适值建场40周年时，我们26个喉咙情不自禁、发自肺腑地齐声高呼：塞罕坝，我们爱你；我们骄傲，我们曾是一个塞罕坝人。

塞罕坝的领导和工友们，真情祝福你们幸福快乐，为了明天更加美好，我们愿携手共创未来！

原林业部26个塞罕坝人

二〇〇二年九月五日

📖 感动人物

第一任场长刘文仕

刘文仕，1927 年生，河北省丰宁县人，1947 年 9 月参加革命，1962 年 7 月任塞罕坝机械林场第一任场长。刘文仕 20 多岁就任县团委青工部长，30 岁出头就在地区林业局任局长，调进林场时刚刚 35 岁。他事业心强、有干劲、懂业务，雷厉风行，铁面无私，敢作敢当，也敢说敢管，是全场职工敬佩的好统帅。1978 年 11 月，国家启动"三北"防护林体系工程建设。原林业部决定将"三北"防护林工程的办事机关设在宁夏银川市，在筹备人选之际将目光锁定在塞罕坝建设中具有突出贡献的刘文仕，任命他为"三北"防护林建设局副局长，此时的刘文仕已年过半百，家中老小，又相继跟随他来到银川。刘文仕扎根祖国生态建设最需要处，秉承初心、脚踏实地。他将塞罕坝的经验和精神，在"三北"防护林建设中传承并发扬光大，让塞罕坝精神在"三北"大地开花结果，成为建设"三北"防护林的强大力量。

数据显示，塞罕坝机械林场用不足河北省 1.5% 的有林地面积培育出了该省 7% 的林木蓄积，相当于它的蓄积量是河北省平均水平的 5 倍。这充分说明，稳定适宜的管理体制机制是塞罕坝机械林场开展营造林取得显著成效的一大关键因素。

三、"革命理想高于天"的精神引领

塞罕坝创业者甘于奉献、顽强拼搏、知难而进、奋勇当先，克服了一个个困难，闯过了一道道难关，促使伟大建党精神在林场建设中落地生根、开花结果，用"革命理想高于天"的精神力量，书写了艰苦卓绝的绿色传奇。

第一任领导班子具有知难而进、奋勇当先的精神。塞罕坝机械林场在建设历程中屡创佳绩，以王尚海为首的第一任领导班子发挥了中流砥柱作用。建场初期，面对"下马风"等严峻考验，第一任领导班子抱定"死也要完成党交给的任务"的坚定信念，毅然举家上坝，这是何等的凛然、何等的决绝、何等的快意、何等的气魄！他们逢山开路、遇水架桥，以势不可挡的强大毅力和坚定决心，面对茫茫荒漠、恶劣条件"历经风雨而初心不改，纵有千难万险也在所不辞"，带领和激励着一代代塞罕坝人在浩瀚荒漠沙地上创造了绿色奇迹，展现了首任领导班子不畏艰难、开拓进取的革命精神。这种革命精神是塞罕坝精神的根和魂，由首任领导班子凝练铸就而成，也正是这种革命精神，促使林场建设事业结出累累硕果。

三代建设者具有对党绝对忠诚、坚守绿色信仰的精神。塞罕坝从昔日水草丰沛、森林茂密、禽兽繁集的皇家猎苑，沦为了集高寒、高海拔、大风、干旱、沙化五种极端环境于一体的茫茫荒漠，那时的坝上是一片生命禁区，只有坝下 3 个林场有武装护林队和少数职工。面对极端恶劣的自然条件，塞罕坝建设者凭借着"使命至上"的坚定信仰和超越常人的忍耐力，秉承着"不绿塞罕坝，誓死不后退"的顽强意志，义无反顾、舍生取义，圆满完成了党和国家赋予的绿色使命。据《河北省志·林业志》记载：当时一起批准建立的 8 个机械林场中，塞罕坝条件最艰苦、造林最艰难，但最终只有塞罕坝一个林场按照设计完成了造林任务。15 年间造林 106.4 万亩，年均完成造林 7.1 万亩。其他 7 个机械林场建场后累计造林只有 13.67 万亩。塞罕坝人始终坚定理想信念，时刻牢记使命任务，坚决扛起绿色重担，建成了世界上面积最大的人工林，为京津冀及华北地区构筑起防风沙、养水源、固生态的绿色长城，用实际行动践行着对党和国家的忠诚之心。

拓展阅读

塞罕坝机械林场历任党委书记、场长

党委书记		场长	
时间	姓名	时间	姓名
1962.8—1967.8	王尚海	1962.8—1967.8	刘文仕
1973.7—1975.9	王尚海	1973.7—1978.10	刘文仕
1976—1978.10	刘文仕	1978.10—1983.3	苏永璞
1978.10—1983.3	苏永璞	1983.3—1983.5	李兴源（代理）
1983.3—1983.5	李兴源（代理）	1983.5—1983.8	张硕印（代理）
1985.9—1989.4	丁克仁	1983.8—1984.12	张硕印
1989.4—1991.12	宋志和	1984.12—1986.12	张椿（代理）
1991.12—1995.8	郭玉德	1986.12—1995.8	钱进源
1995.8—1998.9	李 信	1995.8—1998.9	郭玉德
1998.9—2002.2	刘兴亚	1998.9—2002.2	刘兴亚
2002.2—2004.2	韩国义	2002.2—2006.9	张 海
2004.2—2006.9	张 海	2006.9—2011.6	刘春延
2006.9—2010.9	穆振堂	2011.6—2017.3	田 军
2010.9—2011.8	田 军	2017.3—2019.12	刘海莹
2011.8—2019.12	刘海莹	2020.1—2023.4	陈智卿
2020.1 至今	安长明	2023.4 至今	于士涛

四、"一代接着一代干"的意志品格

塞罕坝机械林场在党的坚强领导下，以王尚海为代表的一代代塞罕坝人，艰苦奋斗、勇于斗争、科学求实、开拓创新，投身植树造林、绿化祖国的伟大事业，造就了一支信仰坚定、绝对忠诚的强大队伍，成为塞罕坝精神的示范主体，为我国生态建设提供了源源不断的动力源泉。

（一）第一代：战天斗地的创业者

塞罕坝"林一代"不惧艰辛，始终抱着"黄沙变绿洲"的坚强信念，一步一个脚印，以永不放弃和科学求实的精神，用"人心齐，泰山移"的坚韧意志顽强拼搏，开启了塞罕坝荒漠的重生之路。

塞罕坝"林一代"——用青春点染绿水青山的"六女上坝"。1964年夏天，承德二中6名不满19岁的应届高中女毕业生放弃报考大学，主动要求到塞罕坝机械林场工作，加入创业大军的行列。那是个激情燃烧的岁月，全国都在学习上山下乡知识青年典型邢燕子和侯隽。一腔热血的陈彦娴和同宿舍五姐妹也在畅想着心中的梦想："要是能像北大荒的女拖拉机手梁军一样，开拖拉机驰骋在原野上，那有多好呀！"恰巧，陈彦娴的邻居刘文仕当时任塞罕坝机械林场场长。听说那里正在大规模机械化造林，六姐妹商定后，给刘文仕去了一封信，描绘了她们的远大理想，希望能到坝上去造林。这封信很快得到了明确答复，塞罕坝欢迎她们这样的热血女青年。那时候从承德到围场都是土路，经过两天多的颠簸，她们才终于到达了林场总场。六个人被分到了千层板林场苗圃。上班后的第一份工作是在苗圃里倒大粪。姑娘们不仅要闻着臭气熏天的大粪味，还得跟上大家的节奏，流水作业，转着圈儿地倒，不停地走动。一天下来，几个人都嚷嚷腰酸腿痛，但还是坚持了下来。当时她们坐在一个大工棚里选苗，工棚外面飘着雪，工棚内十分阴冷，苗子又都在水里，姑娘们一坐就是一天，又冷又湿，手都麻木到没了知觉。很多人后来都得了风湿病。再冷一些，她们就和工人们一起上山伐树。走在没膝的大雪中，喊着"顺山倒喽"的伐木号子，把树伐倒，再拿绳子捆好，用肩膀拉着从山上向下滑。大家比着干，看谁干得多、干得好，一干就是一个多月。场部领导都十分佩服她们这几个来自城市的女孩子。自从上坝那天起，她们几个人的命运就紧紧地与塞罕坝连在了一起。她们克服了恶劣的气候，忍受了饮食上的不适，接受着高强度劳动对女性身体的挑战。"六女上坝"是老一辈塞罕坝人胸怀远大理想和坚定信念建设塞罕坝的典型代表。

塞罕坝"林一代"代表人物——"革新能手"李兴源。李兴源是育苗事业的奠基人、开拓引领者。他是东北林学院（现东北林业大学）当年派出的 47 名优秀学子之一，是塞罕坝老一辈林业技术干部代表。历任塞罕坝机械林场大唤起分场苗圃主任、技术副场长，总场副场长兼副总工程师，代理党委书记兼场长。在林场工作的二十几年里，李兴源注重实验研究。起初，塞罕坝没有樟子松。樟子松的家乡在大兴安岭，它耐寒、耐旱、耐瘠薄的特性吸引了塞罕坝机械林场创业者们。但是，樟子松有一个致命弱点——栽植后第二年春天怕风吹。塞罕坝地势高，而且是个大风口，樟子松在此地很难成活。1965 年春天，李兴源开始试验引进樟子松。他用雪藏法贮藏种子，5 月初播入苗圃。育苗时，他从资料中得知必须用大粪做底肥，从此他就与大粪结上了缘，路上碰到马粪驴粪羊粪，他都一一拾到筐里，还成了附近每一个公厕的常客。他让妻子缝制了一套专门掏大粪的工作服，挂在门外，随时要穿。松芽出土后，嫩苗最怕鸟啄，于是李兴源拿着铜锣，在苗圃周围不停地敲。第二年秋后，嫩苗才长到七八厘米高。第三年春天，他把小苗移植进大田里，观察是否适应当地气候土壤。经过三年努力，樟子松育种终于成功，并在塞罕坝推广，创下了我国樟子松引种海拔最高的纪录。除此以外，李兴源还解决了高寒地区落叶松、云杉全光育苗的技术难题，成为塞罕坝第一代创业者的先锋。1983年，李兴源由塞罕坝机械林场代理场长破格提拔为河北省林业厅厅长。

塞罕坝"林一代"代表人物——沙地造林主将王文录。王文录毕业于承德农业专科学校，1962年9月到塞罕坝林场工作。沙地造林难上难，王文录当年带领技术人员，反复试验，创新了沙棘带状密植、柳条筐客土造林等一系列新方法。他是一个爱"较真"的人。在担任林业科副科长期间，他积极推广机犁沟整地法，解决人工整地费时、费力、速度慢的问题。在检查造林时，别人在前面造，他在后面拔，如果十棵拔出一棵，他脸上会露出难得的笑容，如果拔出五棵以上（挤压不实），技术副场长、技术员、营林区主任、施工员都要遭到严厉训斥并被要求立刻返工。王文录精益求精的工作态度和求真务实的工作作风，解决了一个又一个沙地造林难题，为塞罕坝西部沙地造林绿化作出了重要贡献。

感动人物

"六女上坝"主人公

李兴源一家在塞罕坝的合影

王文录（左）在检查树苗生长情况

（二）第二代：奋发图强的探索者

塞罕坝"林二代"建设者继承了老一辈艰苦奋斗、矢志不渝的创业精神，在攻坚造林和科学营林取得历史性成效基础上，树立可持续发展理念，不断深化改革，全力推进森林经营管理，拓展林木资源开发利用渠道，加强林业科技研究，切实改善职工生活条件，林场面貌焕然一新，百万亩林海如苍绿的波浪在风中起伏，这是塞罕坝第二代建设者用辛勤与汗水、守望与保护浇灌出的绿色硕果。

塞罕坝"林二代"代表人物——党的二十大代表安长明。现任承德市人大常委会副主任、河北省塞罕坝机械林场党委书记。30余年来，安长明长在山里、耕耘在山里，用脚步丈量山林，将青春和汗水挥洒在塞罕坝这片沃土上。作为塞罕坝机械林场第13任党委书记，安长明把培育和保护绿色资源作为重点，开启林场"二次创业"。在他的带领下，探索出苗木选择与运输、整地客土回填、栽植技术革新、幼苗保墒、防寒越冬等一整套完善的攻坚造林技术体系，硬是啃下了"硬骨头"，10万余亩石质荒山全部实现绿化。他主导建成了"火灾预警监测网、防火隔离带阻隔网、生态安全隔离网"三大防护网，形成了由地面巡护、人工瞭望、无人机巡查和视频雷达监控组成的全天候、全方位、立体化火情监控体系；打造了物联网与人工互补的监测网络、航空与人工相补充的防治网络、严防危险性有害生物传播蔓延的检疫网络三大有害生物防治网络，有效遏制了重大林草生物灾害侵入蔓延，"种了树"的同时，安长明也"护了林"。他领导构建起"三级林长、四级管理、一长三员"网格化管理全覆盖的林长管理模式，以林长制实现"林长治"。2021年，在他的牵头推动下，生态环境部环境发展中心、围场县和塞罕坝林场三方共同签署了《关于共同推进绿色低碳发展推动实现碳达峰碳中和战略合作备忘录》，着力打造全国具有影响力的碳汇示范基地，塞罕坝绿了，塞罕坝富了。安长明也是宣传弘扬塞罕坝精神的"带动者"，在他的推动下，成立塞罕坝精神研究中心，设立中共国家林业和草原局党校塞罕坝分校，组织创作出版塞罕坝精神研究系列丛书和影视作品，广泛宣传弘扬塞罕坝精神，推动生态文明理念深入人心。安长明先后荣获"河北省林业工作先进个人""承德市青年五四奖章标兵""中国生态文明奖先进个人"等荣誉，荣记河北省林业和草原局三等功3次。30余年风雨兼程，安长明将青春奉献给了大山，皱纹爬上他的额头，大地在他手中染绿。在郁郁葱葱的大山之间，安长明已把自己与塞罕坝融为一体，他像林间的树木一样，将根向脚下这片土地扎得越来越深。

塞罕坝"林二代"代表人物——"绿色生态工匠"陈智卿。1994年参加工作，曾任林场党委副书记、场长，现任河北省机关事务管理局党组成员、副局长、机关党委书记。29年来，他走遍了塞罕坝的每片林子、沟沟岔岔，带领着塞罕坝人向以前从未涉足的石质阳坡发起挑战，"苗子运不上去，我们一棵棵背上去，树坑刨不出来，我们挖石换土"，短短几年，实现攻坚造林十万余亩，成活率达到了98%。组织制定全国首部国有林场防火地方性法规《塞罕坝森林草原防火条例》，组织构建"12358"防火管理体系，为林场森林草原防灭火、森林资源培育作出了突出贡献。他主持的多项科研成果获得河北省科技进步奖一等奖、三等奖，先后获得第二届"绿色生态工匠""全国生态建设突出贡献奖先进个人""2019—2021年度全国森林草原防火先进个人""河北省林业工作先进个人"等荣誉称号。29年来，陈智卿秉承塞罕坝人的光荣传统，坚守理想信念，为绿色事业矢志不渝地拼搏和奉献，以"功成不必在我"的境界和"功成必定有我"的担当，在塞罕坝"二次创业"新征程上谱写了一曲人生赞歌。

塞罕坝"林二代"代表人物——忠实的"育林人"张向忠。曾任林场党委副书记、副场长。1984年，怀揣着对绿色事业的热爱，刚刚大学毕业的张向忠，从生活环境条件优越的唐山老家毅然来到地处偏远、生活艰苦、气候恶劣的塞罕坝，一踏进林场瞬间就蒙了，破旧瓦房、简陋办公室、宿舍，连农村都不如，这哪里像是一个国有单位啊！感觉现实与自己的理想差距甚远。通过深入林区，与老职工一同开展造林、抚育间伐、森林防火等工作，目睹着老一辈人守护下来的森林资源，感受着林场职工朴素而敬业的吃苦耐劳精神，渐渐地张向忠对林场有了全新的认识，心中那份淡去的热情被重新燃起，更加坚定了干好林业工作的信心和决心。从青葱岁月到中年华发，张向忠频繁地穿梭在塞罕坝的山林间，解决了罗盘仪导线测量对中误差问题，工作效率提高了 30%，在国内首创对消耗蓄积与产材量用林分平均断面积修正的方法，调查精度提高 5%。在首次飞机防治森林有害生物工作中，成功应用 GPS 导航新技术，避免了重喷和漏喷，保证了飞防效果，主持实施有害生物防治180 多万亩次，为林场减少林木损失达 2 亿元。编写出版《河北塞罕坝自然保护区科学考察报告》，主持完成《塞罕坝国家级自然保护区项目》《塞罕坝湿地恢复与建设项目》《天敌繁育场项目》等多项课题研究，为国家级自然保护区实现良性、持续发展奠定了坚实基础。张向忠凭着一股钻劲和拼劲，击破一个个技术难关，解决了塞罕坝营林生产和调查设计中的诸多疑难问题，为我国相似地区的林业发展提供了可借鉴、可推广、可复制的经验。2022 年，张向忠荣获"2021 中国建造匠心年度人物"大奖。他扎根深山近 40 年，数十年如一日地辛苦付出，充分彰显了在平凡中非凡，在尽头处超越的高尚意志品质。

感动人物

2021 年，安长明（中）在林场工作时的照片（来源：塞罕坝机械林场）

陈智卿（来源：央视新闻客户端，2021 年 8 月 24 日）

张向忠工作时的照片（来源：国家林业和草原局，2019 年 10 月 14 日）

（三）第三代：继往开来的守望者

塞罕坝"林三代"牢记使命、"二次创业"，承接着前辈传下来的初心使命，主动选择投身塞罕坝，围绕现代林场建设目标，用现代林业知识武装自己的头脑，大力实施生态立场、营林强场、产业富场、人才兴场、文化靓场战略，坚持经营和保护并重、利用和培育并举。新时代塞罕坝人始终保持艰苦朴素、敢为人先的高尚品质，始终坚持励精图治、开拓进取的创业精神，始终保持披坚执锐、敢打硬仗的优良作风，用自己的辛勤与奉献续写塞罕坝新的绿色篇章。

塞罕坝"林三代"代表人物——"二次创业"的科技带头人于士涛。现任河北省总工会副主席、林场场长。大学毕业后的于士涛怀揣着要把毕生精力和知识全部奉献给塞罕坝的梦想，带着在北京工作的妻子付立华扎根坝上，成为塞罕坝机械林场一名普通职工。他不惧风吹日晒等艰苦条件，在山上一蹲就是几个月，每一次完成生产任务，脸上都要爆出几层皮，嘴唇裂几个大口子，人也会瘦一大圈。他研究出"小面积皆伐作业全林检尺"调查设计新方法，引进高位修枝及机犁沟整地技术，参与编写 Casio-4800xp 计算器系列应用程序，摸索出"短信互联人人通"联络平台，成功实施人工林不同密度、低保留株数抚育作业实验，在木材生产经营中引入竞争机制销售木材，明确采挖地块，规范程序，实施苗木标签、全面复检与市场挂钩定价等措施。他的足迹遍布林场每一个林班、小班。工作成绩得到了上级和林场上下的一致认可，2017 年，他走上了林场领导岗位，成为塞罕坝机械林场第一位"80 后"场长。多年来，于士涛始终坚持对林业事业的执着和追求，传承着老一辈塞罕坝人防沙止漠的绿色事业，一路前行，用自己的实际行动奏响了一曲塞罕坝"务林人"的新时代绿色赞歌。

塞罕坝"林三代"代表人物——金牌讲解员程李美。1987 年出生的程李美大学毕业后留在北京，从事着满意的工作，有着光明的前途。正值事业上升期，父亲却查出胃癌，她的父亲是林场一名普通工人，像所有塞罕坝人一样，一辈子就只做一件事——种树。回到家中，望着无边的林海，父亲说："你看，多美的绿色呀！闺女啊，回来吧。"看着眼前的一棵棵树，就像一个个战士，手挽手构筑起一道绿色屏障。那一刻，她终于理解了父辈的坚守和执着。为了延续老一辈务林人的"绿色信仰"，毅然放弃了大都市的生活和工作，考回林场，成为像父亲一样的林业工人。她从营林区炊事员做起，烧大锅、睡火炕，每天早上 5 点就起床做饭，也和男同志一样，上山造林、打号检尺。这些年，看到了太多和父亲一样的人，听他们的林业故事。慢慢地，她对塞罕坝精神有了更真切的感悟。"父辈们留给了我们一片林海，留给了我一份可以坚守一生的事业。"程李美立志不但要做塞罕坝精神传承者、践行者，还要做一个传播者。如今她是塞罕坝展览馆的讲解员，也是塞罕坝先进事迹报告团成员，曾赴北京、河北、广西等地开展了30 余场宣讲。在报告中她以自己的亲身经历，生动讲述"绿水青山就是金山银山"的塞罕坝故事。她是"全国五一巾帼标兵"、承德市"五一劳动奖章"获得者，2023 年获"致敬新时代 讲好新故事"第四届全国红色故事讲解员大赛"金牌志愿讲解员"称号。她用实际行动讲好塞罕坝故事，弘扬好塞罕坝精神，成为第三代塞罕坝人又一面鲜明的旗帜。

塞罕坝"林三代"代表人物——"90 后"绿色接力者时辰。24 岁的时辰从太原科技大学毕业后，像他的祖辈和父辈一样回到家乡，立志扎根林场，传承好守护绿色"接力棒"。成为一名施工员后，他吃住都在作业区。白天跟着师傅一路走、一路学、一路"打号"，标记哪棵树需要伐掉，为了多走些地方，中午饭省了，一天就吃两顿，晚上还抓紧时间，自学营造林技术知识。一年后，时辰从门外汉变成了技术员，调入总场林业科，协助负责全场造林工作，制定全年造林计划，核定造林投资，监督造林质量。如今，时辰已经成长为塞罕坝机械林场阴河分场副场长，在守护绿水青山的征程中接续奋斗。

感动人物

于士涛向工人们讲解树苗生长中注意的问题（来源：塞罕坝机械林场）

2023 年 11 月，程李美参加第四届全国红色故事讲解员大赛（来源：塞罕坝机械林场）

时辰在林场工作场景（来源：塞罕坝机械林场）

　　三代塞罕坝人对党具有最纯粹的精神信仰，坚定党和国家利益高于一切的崇高信念，攻坚克难，勇毅前行，实现了林场不同历史阶段的发展目标，创造了改天换地的生态奇迹，表现出不畏艰难、顽强拼搏、开拓创新的精神风貌。正因如此，党和国家给予了他们崇高的荣誉，塞罕坝机械林场先后获得"时代楷模""感动中国 2017 十大人物群体""最美奋斗者集体"等荣誉称号。他们对党无限忠诚，对社会主义制度无限拥护，对生态建设不懈追求，这些精神特质不断凝练升华，成为全党全社会共同学习弘扬的塞罕坝精神。

感动瞬间

中央宣传部授予塞罕坝机械林场"时代楷模"荣誉称号

　　中央宣传部会同国家林业局，2014 年 4 月 28 日在中央电视台向全社会公开发布"时代楷模"塞罕坝机械林场的先进事迹。塞罕坝机械林场位于河北省承德市围场境北，52 年来，一代代林场干部职工始终牢记使命、不畏牺牲，成功营造出世界上面积最大的人工林，夺取了治沙造林的重大胜利，创造了沙漠变绿洲、荒原变林海的人间绿色奇迹。他们的先进事迹，体现了忠诚于党、热爱祖国的坚定信念，艰苦创业、迎难而上的拼搏精神，一心为民、无私奉献的高尚情操，生动诠释了社会主义核心价值观的深刻内涵。

"时代楷模"发布活动以"我们的价值观、我们的中国梦"为主题，现场发布了塞罕坝机械林场的先进事迹，并播放了视频短片，塞罕坝机械林场干部职工代表与主持人现场互动交流，并领取"时代楷模"纪念章和荣誉证书。

（来源：新华社，2014 年 4 月 28 日）

第 三 章

生态文明的精神实质：
坚定、坚持、坚守

塞罕坝精神形成于塞罕坝机械林场建设过程中，是塞罕坝建设者们在拼搏奋斗中创造的宝贵精神财富，具有丰富而深邃的精神内涵。从2017年习近平总书记明确提出"牢记使命、艰苦创业、绿色发展"的塞罕坝精神，到2021年习近平总书记考察塞罕坝机械林场，再到塞罕坝精神纳入中国共产党人精神谱系，充分说明塞罕坝精神是生态文明建设的思想引领，是习近平生态文明思想的生动实践，深度契合了新时代高质量发展要求。

第一节　"牢记使命"是高尚灵魂

习近平总书记在党的十九大报告中提出"不忘初心、牢记使命"。中国共产党人的初心和使命，就是为中国人民谋幸福，为中华民族谋复兴。党的初心和使命是党的性质宗旨、理想信念、奋斗目标的集中体现，是激励中国共产党人不断前进的根本动力。塞罕坝精神中首要一条而且最重要的就是"牢记使命"，是由习近平总书记亲自修改、亲自确定，提出的时间甚至比党的十九大报告更早，体现了总书记对塞罕坝精神的特别关心和重视。塞罕坝精神中"牢记使命"的实质是"坚定"，诠释了塞罕坝人始终坚定履行使命职责的理想信念，始终坚定全心全意为人民服务的根本宗旨，始终坚定忠诚于党和国家的崇高政治品格，是整个精神内涵的灵魂和内核。

一、"不绿塞罕坝终不还"

理想信念是中国共产党人的精神支柱和政治灵魂。习近平总书记指出，要以坚定的理想信念坚守初心。[①] 初心开启事业起点，理想指引事业方向，信念决定事业成败。三代塞罕坝人始终牢记党和国家赋予的神圣使命，坚定的理想信念是他们安身立命的根本，是塞罕坝人的政治灵魂，是经受考验、坚守初心、完成使命的精神支柱。

始终牢记坚决完成党和国家交给的任务，始终坚定造林绿化事业的理想信念。原国家计委在批准塞罕坝机械林场建场方案时，发出了 27 字号召，即"改变当地自然面貌，保持水土，为减少京津地带风沙危害创造条件"。今天，许多老一代创业者仍能够准确地背出这段话，这是当年国家交给塞罕坝机械林场的任务，创业者们始终将它铭刻在心，时时不忘。对于塞罕坝的建设者们来说，响应党的号召、听从党的召唤就是塞罕坝人时刻牢记的初心，把党交给的工作做好就是他们的最高任务，"不绿塞罕坝终不还"就是他们坚定执着的理想信念，"为首都阻沙源、为京津蓄水源"就是他们坚如磐石的神圣使命。

感动人物

第一代务林人代表赵振宇的故事

1962 年，刚从承德农业专科学校毕业的赵振宇响应国家号召来到了塞罕坝。从施工员、护林员到营林区主任，从分场场长、纤维板厂厂长到总场副场长，他在坝上一干就是近 40 年，几乎干遍

[①] 习近平：《在"不忘初心、牢记使命"主题教育工作会议上的讲话》，《求是》2019 年第 13 期。

了林场的各个工种——种树、采伐、种地、打铁、盖房、育苗……用他的话说，自己"就是林场的一颗螺丝钉，哪里需要往哪里拧、往哪里钻"。忙的时候，一年365天，最多只有5天在家里，其余的时间都在山上造林、护林、防火。他在林场老同志中很有威望，因为他的工作水平和能力让人信服，人们都称他是林场的"活地图""百事通"，林场没有他没去过的地方，也没有他不知道的事情。赵振宇说，"塞罕坝几代人把个人理想与林业事业、个人选择与国家需要连在一起，他们有的牺牲在荒原，有的落下终身残疾。那个

20世纪70年代，赵振宇和爱人白文娟在塞罕坝第三乡林场（来源：塞罕坝机械林场）

年代的人，都有股不怕艰苦的劲头，思想非常单纯，不想个人得失，只想把党交给的工作做好"。他坦言，看着造林范围连年扩大，眼前的绿意和耳边的赞美足以证明第一代务林人的付出是值得的，"林子绿了，空气香了，还为国家创造了财富，以前苦也好累也好，这辈子都值了"。赵振宇的女儿和外孙女都在林场工作，三代人共同守护这片来之不易的绿色。

始终坚定信念、不改初心、不易其志的使命担当。百万亩林海是三代塞罕坝人牢记初心使命的生动写照，一批批来自全国各地的开拓者、

建设者、奉献者，胸怀理想、肩负党和国家赋予的光荣使命来到塞罕坝，他们躬耕不息、接力不止，用知重负重、攻坚克难的实际行动，诠释了对党的忠诚、对人民的赤诚，创造了令世界瞩目的绿色奇迹，打造了生态文明建设的生动范例。第一代塞罕坝建设者历经艰苦、初心不改，在茫茫荒原上战天斗地，"六女上坝""马蹄坑大会战""夫妻望海楼"等一个个鲜活的人物、一段段传奇故事彰显了第一代建设者坚定的理想信念，树立了不忘初心使命的榜样标杆。在第一代建设者的影响下，第二代、第三代塞罕坝人初心如磐、使命在肩，大力开展森林经营，坚持绿色发展道路，开启"二次创业"新篇章，以驰而不息、久久为功的战略定力创造了高寒沙地生态建设史上的绿色奇迹，铸造了生态文明建设的鲜红旗帜。

感动人物

三代人牢记使命、接续建设林海的故事

1963 年 3 月的一天，中专毕业的陈木东背着行囊，随着火车的"咣当咣当"声远离了家乡武汉。他一路向北，先坐火车，后坐卡车，4 天后终于到达塞罕坝机械林场，成了第一代建设者中的一员。工作的第四个年头，陈木东结婚了，妻子张跃华是围场县当地人，王尚海的办公室就是他们的婚房。陈木东夫妻有 3 个孩子，大儿子陈宏伟毕业后又回到了林场工作，二儿子陈洪涛参军退役后回到塞罕坝自谋职业，小儿子陈洪波 2008 年成为林场护林员。2018 年，陈洪波患病时对陈木东说，他死了要埋在塞罕坝，还要看护他的那片林子，去世后，遵其遗愿被埋在了生前守护的那片林海。1994 年出生的陈璐是大儿子陈宏伟夫妻的孩子，作为陈木东一家的第一个大学生，陈璐大学毕业后回到了林场工作，

三代塞罕坝机械林场人，陈木东（中）和大儿子陈宏伟（左）、孙女陈璐（右）

成了名副其实的"林三代"。

（来源：《长江日报》，2023 年 4 月 10 日）

一代代塞罕坝建设者将党和国家交给的任务视为终生事业，将造林绿化的理想信念融入血脉、刻入基因，用常人难以体会的情感和执着，几十年如一日造林、营林、护林，历经风雨而初心不改，纵有千难万险也在所不辞，创造了荒原变林海的人间奇迹。他们不负历史、不负时代，不辱使命、不忘重托，牢记赤诚初心、坚定理想信念、恪守使命职责，把岗位职责当作个人终身事业，让本职工作成为人生信仰追求，并将这种理想信念代代传承延续，生动诠释了"牢记使命"的重要内涵。

小 故 事

塞罕坝人理想信念的传承

塞罕坝人对树有着常人难以体会的感情。树，是他们的眼珠子、命根子。塞罕坝人给孩子起名字喜欢用"林海""建林"这样带"林"字的名字，许多孩子的小名都叫"苗苗""森森"。人们用这种方式来延续他们对森林的热爱，传承塞罕坝人植树造林的使命责任，让孩子们记住这片林海，记住他们永远是塞罕坝人。

二、"一切为了人民，一切依靠人民"

为人民服务是共产党人的宗旨，办好人民的事是共产党人的奋斗目标。塞罕坝建设者始终坚持以人为本，为了人民、依靠人民，60 多年的造林事业实现了生态保护、绿色发展和民生改善的良性循环，是一场团结群众、凝聚群众、发动群众、组织群众的人民性活动。

始终坚持以人为本理念。自 1962 年塞罕坝机械林场成立以来，一代又一代塞罕坝人时刻怀揣着为民思想，坚持以人为本、执政为民理念，牢记全心全意为人民服务的宗旨意识，以人民的立场为根本政治立场，将满足人民群众的利益作为最高价值追求。林场干部常说，"吃祖宗的饭，断子孙的路，不是能耐，能够还祖宗的账，留子孙的粮，那才是本事"，这种朴素的为民思想深深烙印在每一位塞罕坝人的心底。塞罕坝精神之所以经久不衰，正是因为其始终将"人民"二字铭刻在思想深处。

📖 历史瞬间

为人民看山

据林场老职工回忆，早在 1980 年，那时对宣传标语和口号的规定较为严格，但林场大型防火宣传牌上却写着"为人民看山"五个醒目的红漆大字，这样新颖、实在的标语在当时十分罕见，体现了林场在宣传理念上的巨大创新，体现了独属于塞罕坝人的为民情怀。林场老一辈护林员、技术员等职工，一生和大山打交道，每天爬山不止，实实在在钻了一辈子林子。塞罕坝一千多平方公里的山山岭岭，沟沟岔岔，没有他们没去过的地方，他们用实际行动实践了"为人民看山"的诺言。

始终坚持成果为人民共享。塞罕坝建设者坚持为了人民开展生态建设，百万亩林场从根本上改变了寸草不生、黄沙漫天的现象，造林伟业彻底解决了生态退化危机，为京津冀筑起了阻沙源、保水源、拓财源的绿色生态屏障。塞罕坝人在营造百万亩人工林海的同时，坚守生态与发展两条底线，始终贯彻科学求实、绿色发展理念，走出了一条"兴林与富民互利、生态与民生共赢"的科学发展之路，为坝上人民营造了良好的生态环境，创造了幸福美好生活。

始终坚持发展依靠人民。从创业初期开始，每年都有数以千计的承德围场老百姓上坝植树，他们积极响应、闻令而动，大力支持、深度参与，同林场职工吃在一起、住在一起，人人争当"政治思想好、任务完成好、造林植苗好、团结互助好、遵守劳动纪律好"的五好社员，形成"林场比家亲，林场比家好，明年再造林，一定早报到"的全民参与氛围。林场的花名册中没有他们，立功受奖的名单上找不到他们，至今没有人能记得他们的名字，当年造林能做到成活率90%以上，甚至能达到98%—99%，这些没有留下姓名的群众功不可没。广大人民群众在党和国家需要的关键时刻挺身而出，在国家大义面前不计个人得失，任劳任怨、顾全大局，聚涓滴之力，汇起建设塞罕坝的强大合力，创造出惊天动地的历史伟业。

三代塞罕坝人与祖国共命运、与人民齐奋斗，昭示了塞罕坝精神为人民利益而奋斗的鲜明价值取向，是以民为本理念指导党和人民事业的成功案例，是始终保持党同人民群众血肉联系的典型范例。

历史瞬间

当地人民群众是塞罕坝造林的重要力量

据史料记载，1965 年塞罕坝开展春季造林大会战，围场 16 个公社 40 个生产大队 227 个生产队的 2213 名男女青壮社员，像奔赴战场一样挺进了塞罕坝。实际上，在每年 5、10 月份的造林季节，围场 312 个村，每个村都有几十名青壮劳力去坝上栽树。每年造林用工大约需要几千人，都是通过周围村庄的党支部、生产队和护林

当地群众运物品的车队

林场职工和当地群众在塞罕坝进行人工造林

员组织当地的农民来完成的。冯小军、尧山壁在《绿色奇迹塞罕坝》一书中写道：在塞罕坝野外施工作业时，林场的技术干部负责技术指导和监督，具体操作主要由围场各个生产大队、生产队的农民来完成。他们干的是最苦最累的重体力活儿，但林场的花名册中却没有他们，立功受奖的名单上更找不到他们，人们管他们叫社会工和家属工。

（来源：《塞罕坝之魂》，封捷然著，河北美术出版社2021年版）

三、"把党交给的工作干好"

对党忠诚，是共产党人首要的政治品质。塞罕坝人将党和国家的绿色嘱托融入血液，以坚定的理想信念牢记初心使命，展现出始终忠诚于党的宝贵政治品格。塞罕坝建设者始终坚持党的领导，在勇于担当、坚强有力的领导集体带领下，充分发挥党员先锋模范作用，团结带领干部群众，立足于"国之所需""民之所望"的政治站位，不畏艰难困苦，善始善终、善作善成，践行了"牢记使命"的铮铮誓言。

始终坚持党的领导。2016年，时任中组部部长赵乐际到塞罕坝视察，指出塞罕坝精神是在社会主义制度的中国、在党的领导下，一代代林场建设者攻坚克难、劳动创造凝结起来的。塞罕坝机械林场坚持一张蓝图绘到底的纽带靠的不是血缘关系，而是党的坚强领导和强有力的党组织。截至2023年底，林场党委下设2个党总支、22个党支部，共有党员570名。自建场以来，塞罕坝人始终强化党对各项工作的全面领导，严格贯彻落实党的要求，团结带领党员干部群众不负重托、不辱使命，将保护生态环境当成最重要的使命职责，坚决扛起生态保护修复的政治责任，铸就了绝对忠诚的政治品格。2021年林场党委荣获"全国先进基层党组织"称号。

勇于担当、坚强有力的领导集体。林场建设进程中涌现了一批批对党忠诚、勇于担当、甘于奉献、不惧生死的英雄楷模，成功塑造了社会主义制度下先进集体的光辉形象。以王尚海书记为代表的第一任领导班子是最能体现塞罕坝精神的典范，他们以身作则，率先垂范，严于律己，身先士卒，带头啃"硬骨头"。面对"下马风"时，破釜沉舟，"举家上坝"，背水一战，充分展现对党忠诚、勇于担当的精神境界。他们迎难而上、勇于亮剑，是塞罕坝艰辛造林、科学育林的政治保障和精神榜样，为塞罕坝精神奠定了牢不可破、坚不可摧的关键基石。

感动人物

塞罕坝机械林场第一任党委书记——王尚海

王尚海（1921—1989），山西省五台县人，中共党员，曾任塞罕坝机械林场第一任党委书记。1962年2月，王尚海只身来到塞罕坝，而后又把妻子和5个孩子从承德市带到了这里。他与领导

王尚海　　　建场初期王尚海（中）同职工一起研究造林技术问题

101

班子成员精诚团结，带领广大创业者扎根荒漠，共同克服重重困难，13年造林植绿54万亩，带领林场度过了最艰难的岁月。他曾说："生是塞罕坝人，死是塞罕坝魂。"1989年12月6日，王尚海同志在弥留之际，对家人留下了唯一的遗嘱："我死后，把骨灰撒到塞罕坝"。遵从他的遗愿，老书记长眠在"马蹄坑造林大会战"的松涛中，为纪念他，林场将这块林地命名为"尚海纪念林"。如今，"尚海纪念林"已经成为塞罕坝人永久的精神家园，王尚海成为塞罕坝机械林场一面不倒的精神旗帜，是塞罕坝创业先驱的典型代表。

党员先锋模范作用的充分发挥。强有力的领导班子背后一定有一批优秀的共产党员。总场林科所老所长戴继先临终前，留给家人的埋怨是"你们真应该早点告诉我真实的病情，我还有很多工作没有做完，还有许多事情没有交代"；"拼命三郎"曹国刚因积劳成疾，在生命弥留之际，最大的遗憾是没有亲眼看见油松在塞罕坝上扎根；林场基层党务工作者杰出代表石怀义，党性强、党风正，数次拒绝组织上对他的照顾，长期带病坚持工作，直到不能下床才离开了自己的工作岗位，是大家公认的一位干净、正直的好书记。塞罕坝营造林任务能够如期完成，离不开这一批批信念坚、政治强、本领高、作风硬的党员先锋，正是因为有了他们，才造就了"沙漠变绿洲，荒原变林海"的绿色奇迹，开创了塞罕坝生态建设伟大事业的崭新局面。

📖 **感动人物**

不能离开生产第一线的共产党员——卢承亮

卢承亮，1957 年参加林业工作，1959 年入党，曾任大唤起林场大梨树沟作业区主任，该作业区经营面积九万多亩，造林任务较重。有一年，为了按时完成组织交付的任务，他未出正月就顶着刺骨的寒风骑马上班，家中妻子怀孕已经五六个月。生产期间，他多次过家门而不入，天天跑十多个工地，每天上梁爬坡过沟，中午吃在工地，一天只睡五六个小时。他在山上听到喜讯，媳妇又生了个儿子，同事几次劝他，领导甚至命令他都没回去看看，他总是一句话："我是共产党员，这会儿不能离开生产第一线。"从正月到秋天，他安排好次生林抚育才动身回家。到家已经天黑，由于长期造林作业，他变得脸黑黝黝且身形消瘦，媳妇看了半天才认出来，腼腆地笑着说："快看，孩子快五个月了。"他哑着嗓子歉疚地说："你生四个孩子，我没伺候过一天，实在对不起你们娘五个。"卢承亮是林场众多共产党员中普通的一员，他们考虑的从来不是"我需要什么"，而是"党需要什么""人民需要什么"，正是这一名名忠于组织、忠于人民的普通共产党员，充分发挥先锋模范作用，铸就了崇高的塞罕坝精神。

塞罕坝建设者以对党绝对忠诚的政治品格，努力完成时代之重任、党和人民之重托，他们始终初心如一、薪火相传，忠于职责使命，彰显了中国共产党人心怀祖国，以"国之大者"的政治站位和大局意识，把一个地区的工作融入党和国家生态建设事业发展大棋局，做到了习近平总书记要求的"既为一域争光、更为全局添彩"①。

第二节 "艰苦创业"是鲜明特质

艰苦奋斗是中华民族传统美德，也是党的优良传统，是党和国家永续发展的精神品格。特殊的时代背景、严酷的自然环境、恶劣的生存条件、特殊的职业需求、崇高的精神境界，共同促成了塞罕坝艰苦创业的精神内涵。塞罕坝精神中"艰苦创业"的实质是"坚持"：坚持奋斗精神，体现在塞罕坝建设者不畏艰辛、不怕困难，始终坚守在自然条件恶劣的茫茫荒漠；坚持创新精神，体现在塞罕坝建设者迎难而上、改革创新，始终坚持以与时俱进的创新精神攻克技术难关和发展难题；坚持奉献精神，体现在塞罕坝建设者无私忘我、不怕牺牲，始终坚定"功成不必在我，功成必定有我"的精神境界。这是塞罕坝精神的鲜明特质，是塞罕坝建设者能够砥砺奋进的力量源泉。

一、"先治坡、后治窝，先生产、后生活"

塞罕坝建设者继承和发扬了艰苦奋斗的传统美德，支撑着数代塞罕坝人几十年如一日奋斗在林业生态建设前线，彰显了塞罕坝精神内涵不畏艰辛、不怕困难的精神特质。

不惧恶劣自然条件和生活环境的艰苦奋斗精神。建场时的塞罕坝是茫茫荒漠，坝上是没有任何居民居住的生命禁区，吃住难、交通难、物资供应难、育苗难、成活难……塞罕坝第一代建设者从头开始，住窝

---

① 《习近平谈治国理政》第四卷，外文出版社 2022 年版，第 40 页。

棚、喝雪水、吃土豆，忍受着高寒和疾病的折磨，经历过树苗存活率仅有 8% 的绝望，没人能体会到塞罕坝创业者经历的艰难与无助。第一代塞罕坝人秉着一口气、铆足一股劲，不惧恶劣自然条件和生活环境，坚持"先治坡、后治窝，先生产、后生活"，以"功成不必在我"的信念，先有举家上坝，再有科技攻关，总结经验、吸取教训、坚持创新，稳定了人心、振奋了士气，书写了高寒沙地改天换地的绿色传奇，用青春与热血铸就了一座不朽的精神丰碑。

📖 历史瞬间

建场初期艰苦条件

建场初期，塞罕坝气候恶劣，沙化严重，缺食少房，偏远闭塞。"一年一场风，年始到年终"，极端最低气温达零下 43.3 摄氏度，年均积雪时间长达 7 个月。冬季严寒肆虐，夹着雪花的"白毛风"更是令人难以忍受。雪深没腰，所有的道路都被大雪覆盖。用林场老职工的话说，大雪被风一刮，屋内就是一层冰，就是"抱着火炉子"都不会有热的感觉。晚上睡觉要戴上皮帽子，早上起来，眉毛、帽子和被子上会落下一层霜，铺的毡子

大雪封山的塞罕坝

冬天的白毛风

全冻在了炕上，想卷起来得用铁锹慢慢地铲。那时全国笼罩在三年困难时期的愁云惨雾之中，全场职工生活都十分困难，人们面黄肌瘦，缺吃少穿，各级领导干部也和大家一样，穿补丁衣服，住马架子、睡地窖子，吃带着麦芒的黑莜面，喝雪水和发黄的地下浅表水，细粮和油极少，没有新鲜蔬菜和其他副食。入冬大雪封山，职工大半年被困在山里，没电没路，没广播没报纸，完全与世隔绝。第一代塞罕坝建设者尹桂芝是承德农专的毕业生，她回忆起刚上坝的情形，宿舍是一间敞开的屋子，窗户还没上玻璃，会计现场用毛头纸糊窗户，门框上还没安装门。炕上没炕席，她和女同学到场院抱了两趟莜麦秸铺在炕上，想烧炕，找不着灶门。她们用车库的破大门挡住门框，人从三角缝隙钻。找林场职工要个小药瓶借点儿煤油，又从棉袄大襟拽点棉花，搓了灯捻。早早睡着，被狼嚎叫醒，又把门缝弄窄点儿，狼嚎不停不敢睡，几位女学生又冷又害怕。正是在这样的极端恶劣条件下，第一代林场职工以艰苦奋斗精神克服重重困难，坚持垦荒植树，成为塞罕坝的先行者和开拓者。

不畏艰难险阻，敢于直面挑战的顽强奋斗精神。林场建设经历了一个又一个的现实考验，面对1977年的雨凇灾害、1980年的特大干旱灾害和反复发生的病虫害等重重困难，塞罕坝人没有退缩，他们在灾害后重整旗鼓、顽强拼搏、坚持造林，成为当时批准建立的8个机械林场中唯一一个按照设计完成造林任务的林场。新一代塞罕坝建设者传承了老一辈艰苦奋斗、顽强拼搏的优良作风，时刻坚守绿色信仰，面对石质阳坡造林的世界难题，他们不怕苦、不怕难，以愚公移山般的意志在山高坡陡、土壤贫瘠的石质荒山和秃丘沙地上攻坚造林，百万亩林海间那一块块曾经如疥癣般的荒山秃岭正生长起一片生机盎然的绿海。

📖 **拓展阅读**

攻坚造林

自 2012 年以来，林场多次对造林难以成活和从未涉足的荒山沙地、贫瘠山地等"硬骨头"地块实施了攻坚造林工程。在这些坡度大、石块多、土壤贫瘠、沙化严重的地块造林难度极大，为了提高成活率，林场不断总结改进造林技术，采取了客土、浇水、覆土防风、覆膜保水等超常规举措，整坡推进，见空植绿，造林成活率和保存率分别达到98.9%和92.2%的历史最高值，实现了"造一片，活一片，成林一片"的既定目标。攻坚造林难度

塞罕坝人在石质阳坡上攻坚造林

大、投入高，每亩地投资达到了 1300 多元，而国家项目投入只有 300—400 元，为了确保成活，林场勒紧腰带，每亩追加自筹投入 1000 余元。截至 2021 年，林场完成全部 10 余万亩攻坚造林工程。

坚持不懈、持之以恒的接续奋斗精神。塞罕坝发展历程表明，破坏生态环境往往就在一朝一夕，但治理生态环境不可能一蹴而就，生态系统的演变和恢复需要漫长过程。塞罕坝建设者始终坚持生态优先，以锲而不舍、久久为功的接续奋斗精神持续开展生态修复，在处理生态发展

和经济发展过程中，宁可发展速度慢一点，也要把生态环境恢复好、保持好，坚持下大力气完成大规模造林、抚育间伐、攻坚造林等每一个阶段的历史任务。建场以来，森林面积增长了近5倍，森林覆盖率提高了70.5%，林木总蓄积增长了30倍。塞罕坝人一代接着一代干，让生态文明成为林场干部群众坚持和践行的精神理念和行为准则，持之以恒推进着生态建设和绿色发展的宏伟事业。

时代在变，环境在变，任务在变，条件在变，但塞罕坝建设者们在艰苦奋斗的精神支撑下，在矢志不渝的接续奋斗中，把塞罕坝建成了当今世界上面积最大的人工林，为京津冀及华北地区构筑起防风沙、涵水源、固生态的绿色长城，让塞罕坝从人人避而远之的荒漠之地变成了绿色大本营，铸就了生态文明领域的绿色奇迹，从而凝结出闪烁着理想信念光芒、彰显着民族精神、发扬着中华优秀文化的塞罕坝精神。

二、"科技绿坝、创新兴场"

习近平总书记强调："惟改革者进，惟创新者强，惟改革创新者胜。"[①] 改革创新是引领事业发展的根本动力，也是破解发展难题的有效

---

① 习近平：《论坚持推动构建人类命运共同体》，中央文献出版社2018年版，第174页。

途径。塞罕坝精神"艰苦创业"的"创"字，体现了塞罕坝人与时俱进、勇于开拓的工作作风，体现了塞罕坝人科学求实、大胆创新的科学态度，体现了塞罕坝人百折不挠、敢为人先的改革精神。60多年来，塞罕坝人以改革创新不断完善制度体系，以科技创新破解关键技术难题，坚定不移走"科技绿坝、创新兴场"之路，确保林场不断实现自我突破、与时俱进发展。

始终推进制度改革。首先，林场注重制度制定的前瞻性和及时性，确保事业发展到哪一步，相应的规程、制度、机制就推进到哪一步。林场建场初期确定了林场、分场、作业区两级核算三级管理的根本性管理制度，在攻克造林难关后及时制定造林技术要点和操作规程，在荒山沙地育林时期及时总结一系列技术规范，在营林期间适时总结编制森林经营方案和技术细则，在发展森林旅游时及时制定旅游公司管理制度、旅游发展规划，与时俱进的制度适应林场建设发展和生产需要，确保及时把改革创新成果转化为制度优势，有效推动了林场事业可持续发展。其次，林场重视制度的严格执行和有效落实。塞罕坝人身上都有一股执着劲，他们严格执行各项规章制度和技术规程，严厉打击任何损害森林资源的违法行为，确保制度得到有效执行和落实。林场在经营实践中出台了很多监督管理和奖励惩戒措施，例如生产质量联查、防火工作联查、林长制考核办法等，实施了林业生产质量保证金制度，推行了即奖即惩机制，实行了造林质量终身责任追究办法等，切实提高了全员岗位责任意识和工作积极性，为林场各项工作顺利开展提供了重要保障。

拓展阅读

生产质量联查机制

大规模造林任务完成后，塞罕坝机械林场进入营林为主阶段，精准提升森林质量、调整树种结构、保持生态稳定成为林场的首要任务。林场职工抓营林如同抓育苗、造林一样，注重科技创新和经验总结并在全场推广，多年来适时总结编制了《森林经营方案》《林业生产百分制考核管理办法》《森林经营管理办法》《林业生产奖励办法》《施工员岗位责任制》等，尤其是依据《林业生产百分制考核管理办法》形成的生产质量联查机制，至今一直是林场每年的"重头戏"。每到10月份前后，林场就会成立由总场和各生产单位领导、技术骨干为主要成员的联查小组，全面检查、客观公正考评全场各基层生产单位一年来的林业生产进度、完成质量与存在问题，联查小组会依据检查结果向全场公布质量排名、各生产单项第一名。在考评中尤其重视森林抚育、林木采伐质量，像"拔大毛""开天窗"的现象更是绝对不允许发生。各分场在这场大比武中都铆足了劲争当第一，联查小组成员在互相打分的过程中，对公认的第一名都是心服口服，同时也发现了本单位存在的问题、学习了经验，比、学、赶、超的氛围极其浓厚，为林场形成可持续经营的良好发展格局、促进林场森林质量精准提升奠定了坚实基础。

始终坚持科技创新。塞罕坝人始终坚持科学态度和科学精神，不断在关键技术环节上取得重大进展，60多年的奋斗史，也是一部中国高寒沙地造林科技攻关的创新史。建场之初为解决造林技术难题，在理论、技术、经验、工具一穷二白的情况下，塞罕坝人在马蹄坑开展造林大会战，拉开了科技造林的大幕，他们连续攻克道道技术难关，开创了高寒全光育苗技术，改造了苏联造林机械，创新了"三锹半植苗法"，引进了抗旱树种樟子松，解决了主要树种集约经营，防控了松毛虫、落叶松尺蠖等有害生物灾害发生蔓延，创建了育苗、造林、抚育、保护等森林经营技术体系。建场以来，共完成育苗、造林、营林、有害生物防治、林副产品开发利用等 9 类 73 项科研成果，编写技术专著 12 部，发表论文 800 余篇，多项科研成果获国家级奖励，5 项成果达到国际先进水平。塞罕坝机械林场是最早的十大"全国科技兴林示范林场"之一，充分印证了科学技术是第一生产力的科学论断。

拓展阅读

塞罕坝林场职工许文江荣获"河北省突出贡献技师"称号

2024 年 1 月，塞罕坝林场职工许文江被河北省人民政府授予"河北省突出贡献技师"称号。许文江是塞罕坝第二代务林人的优秀代表，曾获首届国有林场职工技能竞赛一等奖、"全国五一劳动奖章"等荣誉。参加工作 43 年以来，一直坚守在林业生产一线，认真践行塞罕坝精神，凭着对林业工作的热爱，许文江在抚育间伐采伐木选择、均匀度、采伐蓄强、株强控制等方面练就了过硬技能，并与同事共同完善了容器苗造林、机械清枝、冬储苗木立窖存储等技术措施，积极推行保水剂、生根粉蘸根、10% 备补苗造林等新方式，累计参与完成造林 1.5 万亩、森林抚育 8 万余亩，为塞罕坝生态建设贡献了重要力量。

（来源：塞罕坝机械林场，2024 年 1 月 18 日）

拓展阅读

塞罕坝机械林场建场以来主要科研成果

1963 年，樟子松引种造林技术；

1964 年，机械造林自动给水器；

1964 年，落叶松机械植苗造林的研究；

1965 年，缝隙植苗法；

1965 年，樟子松引种育苗技术；

1966 年，高寒地区落叶松全光育苗技术；

1966 年，造林机械的改造；

1974 年，落叶松、樟子松种子园建立和研究；

1974 年，做床机和三不覆播种机；

1979 年，松线小卷蛾的生活史和防治研究；

1980 年，落叶松尺蠖生活史和防治研究；

1986 年，落叶松人工林疏伐的研究；

1987 年，落叶松腮扁叶蜂生活史和防治研究；

1987 年，樟子松生长规律和抚育间伐的研究；

1991 年，危害落叶松的两种线小卷蛾生物学特性及综合治理的研究；

1994 年，塞罕坝机械林场落叶松人工林集约经营系统的研究；

1997 年，樟子松人工林经营技术研究；

1998 年，樟子松常年造林技术研究；

2004 年，塞北绿色明珠——塞罕坝机械林场科学营林系统研究；

2008 年，塞罕坝机械林场森林资源评估与核算研究；

2013 年，坝上地区华北落叶松人工林大径级材培育技术研究；

2013 年，白毛树皮象防治技术规程；

2013 年，冀北山地容器育苗造林技术研究；

2014 年，云杉阿扁叶蜂预测预报技术规程；

2015 年，冀北高寒山地樟子松高效经营关键技术研究与示范；

2016 年，国有林场抚育间伐施工技能评估规范；

……

塞罕坝精神的改革创新实践深刻揭示，只要依靠艰苦创业、坚韧不拔的意志和尊重自然、实事求是的创新精神，一定能实现重大突破，解决制约发展的瓶颈难题，激发事业发展活力动能。塞罕坝建设者坚持创新精神，以制度改革确保林场长期稳定运行和科学发展，用技术创新不断实现自我突破，走出了一条独具特色、勇于探索、与时俱进的改革创新道路。

知识链接

建场初期林场职工研究育苗技术　　　植苗锹的改良与演进过程

近年来，林场积极与北京大学、清华大学、中国农业大学、中国林科院、北京林业大学、东北林业大学、河北农业大学、河北省林科院等高校和科研院所通力合作，开展森林生态定位监测、森林质量提

2009 年 9 月 28 日，北京大学生态与环境观测系统塞罕坝实验站揭牌仪式

2020 年 8 月 4 日，塞罕坝机械林场与北京师范大学遥感科学国家重点实验室科技合作启动会（来源：北京师范大学）

升、野生动植物保护等专业领域研究，取得了许多实质性技术成果。

三、"功成不必在我"

伟大的事业需要伟大的精神，伟大的精神要有"功成不必在我，功成必定有我"的境界。60 多年来，历经初创时期条件的艰苦、造林成活率的低下、雨凇大旱灾害的侵扰、攻坚造林的艰难，无论条件多么苦，困难多么大，塞罕坝人默默付出、无怨无悔，体现了"奋斗有我、担当有我"的精神，彰显了"奉献忘我、功名无我"的风格，在浩瀚荒漠沙地上创造了塞罕坝的绿色奇迹。

坚持个人利益与集体利益的辩证统一。塞罕坝建设者将绿色使命刻入基因、融入血液，始终坚持国家利益、集体利益高于个人利益。塞罕坝创业者精打细算、因陋就简，因为一根蜡烛 6 分钱，是一斤煤油的 2 倍多，全场上下为了省钱，作业区里舍不得用蜡，点了几十年的煤油灯。张启恩为了稳定林场人心，放弃了北京的工作和生活待遇，带着当时在中国林科院工作的妻子和三个正在上学的孩子，扎根塞罕坝，生活环境和工作条件天上地下，不仅他自己落下了终身残疾，三个孩子也都没有受到良好教育，成为他终生的遗憾。任仲元是创业者中唯——个机械专业毕业生，面对建场前两年造林不成功的情况，他掷地有声地说，"这件事必须得我办，舍我其谁"。他没日没夜攻关，没有按时按点吃过一顿饭，自学俄语，改造机械，让苏联进口的植树机都派上了用场，林场大规模机械造林由此展开。塞罕坝人以国家和集体利益为重，将个人价值融入党和国家事业之中，充分展现出勇于担当、甘于奉献的崇高境界。

感动人物

张启恩

张启恩生于 1920 年，1944 年毕业于北京大学农学院林学系，新中国成立后担任原林业部造林司工程师。他的妻子张国秀在中国林科院植物遗传研究所工作，两人育有三个孩子，在原林业部的家属院里有一个舒适的家。张启恩接到赴林场任职的通知后，毅然放弃了北京舒适的生活，带着当时在中国林科院工作的妻子和三个正在上学的孩子，来到了茫茫的塞外荒原。他的三个孩子本来正在北京上小学和幼儿园，来到坝上后只能上复式班。张启恩夫妻

俩都是高级知识分子，但他们的三个子女最终却没有一个考上大学。

张启恩来到林场后，他和广大技术人员一道大胆实验，攻克了坝上地区育苗关和造林关。1967 年春，张启恩与职工一起从拖拉机上往下搬运树苗，不慎从拖拉机上摔下，造成一条腿粉碎性骨折，因条件限制，落下终身残疾，后半生只得与双拐为伴。他性格坚韧，由于干工作"马力"十足，被林场人亲切地称为"特号锅炉"。

2008 年 1 月，张启恩逝世。

展现积极投身于社会主义建设事业的奉献精神。第一代塞罕坝建设者始终坚持使命高于一切，责任重于泰山，充分体现了社会主义革命和建设初期为国家和民族利益牺牲一切的奉献精神。创业初期医疗卫生资源严重匮乏，林场职工长期在高海拔高寒地区工作，很多人患上了心脑血管、高血压、风湿等疾病，由于得不到及时治疗，终年疾病缠身，王尚海的小儿子发高烧，因为大雪封山延误治疗转成小儿麻痹症，落下终身残疾，有的职工甚至过早地离开了人世，成为几代塞罕坝人心中的"痛"。建场初期没有学校，林场搭建"窝棚小学"，职工临时充当教师，创业者们忙于育苗植树，根本没有精力关心孩子们学习生活，"林二代"是被放养的一代。截至 20 世纪 80 年代初，这片当时中国知识分子最密集、学历层次最高的地方，职工子女竟没有一人考上大学或中专，着实令人心酸和惋惜。像这样无私奉献的例子在林场数不胜数，塞罕坝人始终坚持集体利益为先，作出了影响几代人的巨大牺牲，他们以身许国、以身报国，用生命和鲜血浇灌了塞罕坝的绿色长城。

图说塞罕坝

林场职工露天学习

建场初期的子弟学校学生

塞罕坝精神培养了一批批特别能吃苦、特别能奉献、特别能战斗的职工队伍。在老一辈建设者奉献精神和英雄事迹的带动下，塞罕坝涌现出大量勇于担当、甘于奉献的干部职工，他们在极其艰苦的条件下扎根塞罕坝，几十年甚至一辈子苦心孤诣，以寂寞为伍，与清苦为伴，书写了坚守使命、艰苦奋斗、奉献终身的壮美诗篇。塞罕坝有9个夫妻望火楼，到了防火期防火员一上山就是几个月，一干就是几年甚至十几年、二十几年，一部电话、一副望远镜、一个记录本，每隔15分钟一次的瞭望报告，这种简单而重复的工作让他们受尽了常人难以忍受的孤独寂寞。坚守望火楼的很多家庭都作出了巨大的牺牲：由于远离人群缺乏交流，初景梅的儿子8岁时说话还不清楚；董建琴在学校寄宿的儿子高烧近40度，坚持不让班主任给父母打电话，因为他知道打了电话父母也下不了山，只能让他们更揪心……正是他们日复一日、年复一年的坚守，半个多世纪以来，940平方公里的塞罕坝机械林场没有发生过一起森林火灾，创造了森林资源守护的奇迹。

📖 **感动人物**

大光顶子山夫妻望火楼

塞罕坝的制高点是海拔1940米的大光顶子山，这座高山上有一座孤零零的望火楼，远离人烟，无水、无路，直到2009年初才通上电。陈锐军、初景梅夫妇在这座望火楼里一干就是12年。从1984年到1996年，他们始终坚守在这里，昼夜重复着单调枯燥的防火瞭望工作，每天窝头就咸菜，夏天喝几公里外背上来的涝塔子水，冬天大雪封山则喝雪化水。他们的儿子陈曦跟随父母在望火楼整整生活6年，由于营养不良和很少见人，小陈曦2岁多还没出齐牙，4岁仅会叫爸爸、妈妈，七八岁上学时说话还像四五岁的孩子。

有一年，原林业部副部长刘广运到望火楼看望他们一家，抱起小陈曦问话时，孩子竟说不出一句完整话。1986年冬天，由于父母想念儿子一家，陈锐军自己在望火楼值班，让媳妇和孩子回老家过年。在这个春节，陈锐军得了重感冒，一头栽到炕上起不来，连打电话的力气都没有。炉火灭了，饮食断了，身上结了一层冰霜。也许命大，一位上山找马的老乡在饥渴中走进望火楼，才把他从昏迷中唤醒，照顾三天三夜才使他死里逃生。事后，在

陈锐军、初景梅夫妇和他们的儿子

一次表彰会上，陈锐军在典型发言时做开场白："我因为常年不怎么说话，嘴很笨，有的话我说不太清楚，给领导和同志们添麻烦了，我只做了我应该做的事情……"就是这样一对普普通通的夫妻，以无私无我的奉献精神，常年坚守在塞罕坝的制高点上，默默守护着这来之不易的生态建设成果，为塞罕坝精神增添了生动的故事。

　　塞罕坝人以先辈的无私奉献为榜样，以保持艰苦奋斗作风为荣誉，为了守护这青山绿水，他们有的因公殉职、有的落下终身残疾，以"功成不必在我"和"献了青春献终身，献了终身献子孙"的伟大精神，以滴水穿石、绳锯木断的韧劲和抓铁有痕、踏石留印的狠劲，铸就了感人至深、催人奋进的塞罕坝精神，他们传承发扬了党的光荣传统和优良作风，充分体现了艰苦奋斗就是塞罕坝人干事创业的鲜明特质和精神底色。

第三节　"绿色发展"是价值追求

对绿色的渴望是塞罕坝机械林场从一棵树发展为一片林海的原动力，塞罕坝建设者始终坚信良好生态是一切发展的基础，绿色理念从建场初期就植根于思想深处，绿色发展深深融进了塞罕坝人的血液里，是塞罕坝精神的价值追求和永恒主题。塞罕坝机械林场 60 多年的奋斗历程，是坚定追求绿色发展道路的历程，是坚持促进人与自然和谐发展的历程，是坚守"绿水青山就是金山银山"理念的历程。塞罕坝精神中"绿色发展"的实质是"坚守"，坚守建设绿水青山，坚守发展绿色经济，坚守追求绿色生活。塞罕坝建设者们经过半个多世纪的不懈探索，走出了一条生态效益、经济效益、社会效益并重的绿色发展之路。

一、华北"绿宝石"

生态环境是人类生存和发展的根基，生态兴则文明兴。塞罕坝人对绿色发展有着坚定不移的意志和决心。从一棵树到广袤林海，从一片荒芜到森林、草原、湿地与河湖等复杂多样的自然生态系统，塞罕坝人以绿色理念贯穿始终，奇迹般证明了从零开始生态修复，也可以建成华北地区规模最大、长势最好、生态环境最优、经济效益较高的"绿宝石"。

以生态修复为表率践行绿色理念。建场初期的塞罕坝土地沙漠化严重、水资源严重不足，常年风沙肆虐、冬季气候寒冷，是树木难以存活的茫茫荒漠。林场建设者始终坚守绿色理念，将绿色发展当成毕生价值追求，一次又一次的困难和坎坷没有动摇塞罕坝人绿化祖国的信念，他们凭着顽强意志、不懈奋斗，创造了在自然条件恶劣环境能栽树、栽活树的奇迹。2013 年 2 月在京津冀协同发展座谈会上，习近平总书记明确指出河北张承地区的生态建设重点是建设京津冀水源涵养功能区。2014 年，京津冀地区协同发展战略被列为重大国家战略，进一步明确了塞罕坝所在区域的生态地位，不能逾越生态红线的雷池，全力提高生态服务功能，保障京津冀生态安全。塞罕坝人勇敢扛起了水源涵养、生态支撑的历史责任，担起了首都"生态护城河"的重任，用汗水和生命修复守护了祖国的绿水青山，使塞罕坝这片昔日荒原变成华北地区的"绿宝石"，成为孕育绿色、孕育希望的土地。

图说塞罕坝

| 曾经黄沙弥漫的荒原 | 塞罕坝百万亩人工林海 |

以资源保护为标准践行绿色理念。建场以来，塞罕坝机械林场始终把"不发生森林火灾就是最大的经济效益"作为指导思想，把资源管护工作作为各项工作的重中之重和头等大事，将保护森林资源安全上升到事关塞罕坝生死存亡的高度，上下一心，齐抓共管，取得了建场以来从未发生森林火灾和有虫不成灾的优异成绩。2021 年 8 月 23 日，习近平总书记在考察塞罕坝机械林场时，听取河北省统筹推进山水林田湖草沙系统治理和塞罕坝机械林场情况汇报，他对林场打造人防、物防、技防相结合的一体化资源管护体系，守护森林资源安全取得的成绩给予肯定。

📖 **拓展阅读**

塞罕坝机械林场森林防火

对于任何一片森林资源来说，防火工作都是重中之重。塞罕坝60 多年无林火是塞罕坝践行绿色理念的重要体现。林场始终把"不发生森林火灾就是最大的经济效益"作为指导思想，把森林防火作为一项警钟长鸣、持之以恒的重点工作常抓不懈，坚持"人防、物防、技防"相结合，形成了一整套成熟的立体化宣传、预防、监测和扑救体系，建成了探火雷达、空中预警、高山瞭望、地面巡护、快速反应有机结合的"天、空、地"一体化预警监测和防灭火体系，保持着建场以来从无森林火灾的好成绩。

"天、空、地"一体化预警监测系统

制度体系。2021 年 9 月 29 日，河北省十三届人大常委会第二十五次会议表决通过《塞罕坝森林草原防火条例》，以专项防火法律法规形式为塞罕坝森林草原防火工作立法。该《条例》通过建立联防联控机制、科学处理防火与旅游关系、强化人防、物防、技防融合，"打早、打小、打了"全链条管理等方法举措，依法保护塞罕坝森林草原生态安全和人民生命财产安全。

预防体系。人防：现有望火楼 9 座，防火紧要期内，18 名瞭望

20世纪八九十年代林场小学生防火纠察队

员白天每隔15分钟、夜间每隔1小时瞭望汇报一次火情；共有专职管护人员460人，清明节、五一、十一等重点时期，全场50%以上人员充实防火一线，参与巡护；设有13个固定防火检查站，加强对入山人员和车辆的防火宣传和检查登记。物防：现有防火隔离带970公里，路网建设达950余公里。安装生态安全隔离网450余公里，实现了禁止旅游区与其他区域的硬隔离，确保旅游旺季林草资源安全。技防：安装林火视频监测系统1套（建有54个视频监控点）、红外探火雷达6台、雷电预警监测系统1套、无人机巡护系统1套(配备无人机8架、卫星小站2套)、火场标绘系统1套。火灾监测覆盖率达到97%以上。

展旗示警

专业扑火队伍

扑救体系。有专业扑火队 7 支，队员 110 人；半专业扑火队 9 支，队员 169 人。现有防火指挥车 1 台、宣传车 1 台、运兵车 8 辆、机具运输车 2 辆、水罐消防车 5 辆、高压远程消防车 4 辆，配备各类常规风灭和水灭机具设备，建有消防储水点 18 处，消防水井 7 处。专业扑火队实行军事化管理，集中食宿，集中进行体能和技战术训练。在防火紧要期，全场专业扑火队 24 小时保持临战状态，确保召之即来、来之能战、战之必胜。林场投资 3600 万元，建成了可满足 100 名森林消防救援队员驻防需要的多功能营房及训练设施。来场驻防的森林消防救援队与林场专业扑火队建立联演联训机制，共同执行防扑火任务，保护塞罕坝森林资源安全。

📖 拓展阅读

塞罕坝机械林场有害生物防治

林场森林有害生物防治成效显著，在河北省林业和草原局森防"四率"的指标考核下，林场连年被评为"省级森林病虫害防治先进单位"，被国家林业和草原局确认为"国家级森林病虫害防治检疫标准站"和"国家级森林病虫害中心测报点"。

一是建成了森防、监测检疫队伍体系。林场把"治未病"的机制主动引入到森林病虫害的防治工作中，成立了总场森林病虫害防治检疫站，基层各林场设有森防股，各营林区配备有兼职测报员，现有森防检疫人员 27 人，监测员 100 余人，专业化防治队伍 6 支，防灾、减灾、救灾药械储备库 9 处，标本室、实验室、档案室齐全，拥有简易防治飞机场 1 处。建立了有害生物防控三大网络（物联网与人工互补的全覆盖有害生物监测网络、航空与人工相补充的防治网络、严防危险性有害生物传播蔓延的检疫网络）。在飞机防治中利用GPS导航技术，采用仿生、生物制剂超低量防治，防治效果达到了95%以上；在人工防治方面，承担了15万亩的食叶害虫防治任务，防治效果同样在95%以上，食叶害虫无公害防治率超过了95%以上。

人工防治 飞防作业

二是编制了《塞罕坝主要林业有害生物识别与调查方法》《塞罕坝主要林业有害生物防治方法》《塞罕坝林业植物检疫技术》《河北省塞罕坝机械林场严控松材线虫病重大外来物种入侵实施方案》等各类指导文件，确保防控工作取得显著成效。

三是向民众讲解林草有害生物防治检疫法律法规、常见病虫害防治措施等知识，除在林场场区集中宣传外，还深入到度假村、建筑施工现场、检查站、营林区、苗圃、楞场、苗木集散地、木材运输、风力发电场和毗邻村乡镇等场所，向广大职工、群众和务工人员进行广泛宣传。多年来，林场通过科学预测、有效防治、强化检疫，始终将林业有害生物成灾率控制在3‰以下，有效地保障了林场森林资源健康、可持续发展。

以森林生态系统为典范践行绿色理念。塞罕坝建设者们在华北北部建立起了一座"绿色长城"，阻挡了浑善达克沙地的侵入，起到了涵养水源、保育土壤、固碳释氧、净化空气、防风固沙作用，改变了周边小气候，为京津地区、华北地区人民的"生态幸福"提供了重要保障。资料表明，塞罕坝的百万亩林海涵养滦河和辽河水源、净化水质，防止水土流失量达到513.55万吨，塞罕坝建起的京津风沙屏障使北京春季沙尘天数比20世纪50年代减少七成多，泽被京津，造福地方，产生了巨大的社会生态效益。

塞罕坝机械林场的成功实践，证明了党和国家生态文明建设决策部署和绿色发展道路的科学性和前瞻性，证明了生态系统脆弱与退化的地区，只要科学定位、久久为功，自然生态系统完全可以得到修复与重建，证明了坚持科学推进国土绿化，通过一代代人的接力奋斗，完全可以实现人与自然和谐共处、建设美丽中国的美好愿景。

二、绿色"聚宝盆"

绿水青山就是金山银山，生态本身就是经济，保护生态就是发展生产力，生态产业是绿色发展的重要引擎和必然选择。塞罕坝机械林场经历了从攻坚造林、森林经营到产业发展的建设历程，体现了森林资源生态效益和经济效益相互转化与协调统一的辩证过程，印证了"绿水青山就是金山银山"的科学论断。塞罕坝的绿色发展道路充分表明，森林是水库、钱库、粮库、碳库，是支撑经济社会发展的重要自然资源。

主动优化木材产业的科学选择。兴建塞罕坝机械林场的任务之一是提供木材产品，支援国家建设。塞罕坝机械林场是全国最大的人工林场，木材生产曾经是林场的支柱产业，一度占总收入的90%以上，但塞罕坝人秉持保护生态环境，保护森林资源的绿色理念，从 2012 年开始大幅压缩木材采伐量，每年的正常木材砍伐量从 15 万立方米调减至 9.4 万立方米，2015 年其他产业的收入已经超过木材产业，其在总收入中的占比已下降到 43%，采伐量仅为生长量的 20%，实现了越采越多、越采越好的目标，为森林资源持续利用和林场绿色发展奠定了重要基础。

积极发展绿色产业的重要举措。林场转入营林为主、造林为辅新阶段后，开始探索多种经营之路。森林旅游作为林场"二次创业"的支柱产业，是除木材产业外的第二个产业。塞罕坝已成为全国著名的生态旅游目的地之一，年平均接待来自世界各地的游客 50 万人次，一年门票收入 4000 多万元。林场合理开发利用旅游资源，严格控制游客数量，十几年未曾批准林地转为建设用地，确保了生态安全。近年来，林场积极发展高端生态游和红色精品游，探索出森林旅游高质量发展的新模式新路子。在林下经济方面，林场依托冀蒙地区特色，充分发挥以医药、菌类为主体的植物资源优势，积极打造具有塞罕坝品牌特色的林下经济产业链。在苗木绿化方面，林场充分利用自身资源、技术优势，把最擅长的苗木培育和绿化工程纳入产业化经营，建成了 8 万多亩绿化苗木基地，培育了云杉、樟子松、油松、落叶松等优质绿化苗木，多品种、多规格苗木达 1800 余万株，年收入超过 1000 万元，成为名副其实的绿色"聚宝盆"。

📖 图说塞罕坝

绿色产业发展为林场可持续发展提供了有力的经济支撑。多年来，塞罕坝为国家累计上缴利税近亿元。

金莲花种植基地　　　　　　　黑木耳种植基地

土特产专卖　　　　　　　　　影视拍摄

生态旅游　　　　　　　　　　农家院

不断探索碳汇新业态的战略抉择。塞罕坝是我国应对气候变化的先行者、实践者，也是受益者，森林碳汇已经成为塞罕坝生态产业中的重要支柱。近年来，塞罕坝机械林场积极贯彻执行国家碳达峰碳中和政策，目前已完成林业碳汇项目开发的林地面积 77 万亩，占森林总面积的 66.9%，共备案林业碳汇量 700 万吨二氧化碳当量，预计可实现收入 4.2 亿元，当前已实现收入 990 万元。森林碳汇项目的成功意味着塞罕坝林业生态产品真正实现了市场化，对推动国有林场绿色转型发展、建立生态融资新机制、推进生态服务市场化具有里程碑意义。

特别关注

  党的十八大以来，塞罕坝机械林场将增加森林碳汇明确纳入林业发展目标。2016年，林场造林碳汇项目首批国家核证减排量（CCER）获得国家发改委核准成为华北地区首个在国家发改委注册成功并签发的林业碳汇项目，也是迄今为止全国签发碳减排量最大的林业碳汇自愿减排项目。2018年，塞罕坝机械林场在北京环境交易所与北京兰诺世纪科技有限公司达成首笔造林碳汇交易。

  2022年8月23日，塞罕坝降碳产品价值实现暨金融机构授信签约仪式在承德举行，12家企业购买塞罕坝机械林场等8个降碳产品，实现价值转化2460.59万元，是当时河北省降碳产品实现价值转化金额最大的一次，真正让"绿水青山"转化为了"金山银山"。

2022年8月23日，塞罕坝降碳产品价值实现暨金融机构授信签约仪式现场（河北省生态环境厅供图）

（来源：河北新闻网，2022年8月23日）

"两山"理念的核心要义就是在利用金山银山反哺、呵护绿水青山的基础上，建立绿色低碳循环的经济体系，找到绿水青山向金山银山持续、高效率的转化路径，推动实现更加绿色、更有效率、更加公平、更可持续的发展。塞罕坝机械林场从造林、营林，到依托百万亩森林资源创造幸福富足生活，实现森林湿地资产价值超过231.2亿元、产出价值达到155.9亿元，这就是"人不负青山，青山定不负人"的辩证法，这就是"我敬自然一尺，自然还我一丈"的辩证法，这就是"绿水青山就是金山银山"的辩证法。新时代新起点，随着绿色发展的深入推进，生态旅游、绿化苗木、风力发电等隐性发展资源写进了林场长期规划，人防物防技防相结合的全天候、全方位、立体火情监控网络已经构建，绿色发展带来的经济效益加速显现，塞罕坝建设者生动诠释了"两山"转化过程，用实际行动证明了"绿水青山"和"金山银山"可以同向同行，为中国共产党带领人民走绿色发展之路、实现脱贫致富提供了生动范本。

📖 数说塞罕坝

2020 年塞罕坝机械林场森林与湿地资产价值

资产类别		实物量		价值量 / 万元	比重 /%
土地资产	林地资产	86322.83	hm²	804521.51	37.88
	湿地资产	6862	hm²	71364.80	
	小计	93184.83		875886.31	
物质生产资产	立木资产	10367970	m³	598750.27	33.19
	非木林产品资产			168680.50	
	小计			767430.77	
生态资产	森林碳资产	5694.20	万 tCO₂	284709.99	12.31
无形资产	品牌资产			384000	16.61
森林与湿地资产价值合计				2312027.06	100.00

2020 年塞罕坝机械林场森林与湿地产出价值

物质产品与生态服务类别		实物量		价值量 /万元	比重 /%	
物质生产	立木产品	518398.50	m³	29937.51		2.46
	非木林产品			8434.03		
	物质产品价值合计			38371.54		
生态服务	涵养水源	调节水量	28407.51	万 m³	173569.88	12.54	97.54
		净化水质（森林）	13759.05	万 m³	16510.86		
		降解污染物（湿地）	1912.68	t(COD, NH3-N)	676.47		
		小计			190757.21		
	保育土壤	固土	513.55	万 t	3264.60	1.17	
		保肥	36.14	万 t 标肥	14463.87		
		小计			17728.47		
	森林防护	防风固沙			552369.34	36.31	
	碳汇		86.03	万 tCo₂	4301.43	0.28	
	森林调节小气候	调节地表温度			12113.95	0.80	
	改善空气质量	释氧	59.84	万 t	59838.93	39.37	
		产生可利用负离子	6.39	×1022 个	529766.18		
		释放萜烯类物质	10474.83	t	2095.00		
		减少污染物	171356.93	t	7130.49		
		小计			598830.60		
	维持生物多样性				38906.74	2.56	
	景观游憩				106114.20	6.98	
	生态服务价值合计				1521121.93	100.00	
森林与湿地产出价值总计				1559493.47		100.00

三、"山里治坡、山外治窝，山上生产、山下生活"

绿色是人民对美好生活追求的重要体现。塞罕坝精神通过"绿色发展"充分展现为人民创造幸福生活、增进民生福祉的绿色担当。60 多年来，林场通过生态建设不断满足人民群众对于生态环境的需要，丰富的森林资源带动林区经济快速发展，为脱贫攻坚和乡村振兴贡献重要力量，切实改善林区民生条件，让林区百姓实实在在感受到林业生态建设的丰硕成果。

努力为人民创造优美环境。习近平总书记指出："良好生态环境是最公平的公共产品，是最普惠的民生福祉。"[①] 生态环境质量已然成为影响人们幸福的重要因素。塞罕坝机械林场被国家林业和草原局授予"再造秀美山川示范教育基地""全国生态建设突出贡献奖先进集体""全国绿化先进集体"等荣誉称号，体现了塞罕坝人坚定不移走绿色发展之路，也充分证明了绿色发展之路就是幸福之路、成功之路、通往未来之路。塞罕坝人用"天然氧吧""花鸟天堂"的生动实践向世界展示着播种绿色、耕耘绿色、捍卫绿色的价值和意义，揭示出绿色发展带来的幸福是"生态幸福"，是人民群众对新鲜空气、干净水源的殷切期盼与美好向往，是砥砺中国共产党人为实现人民"生态幸福"而不懈奋斗的强大动力来源。

---

① 中共中央文献研究室编：《习近平关于社会主义生态文明建设论述摘编》，中央文献出版社 2017 年版，第 4 页。

图说塞罕坝

　　积极开展脱贫攻坚带动乡村振兴。好的生态带来了好的生产，山青、水绿、天蓝就是财富，林场通过生态建设推动区域协调发展，积极开展林业脱贫攻坚，为乡村振兴提供重要基础和强力支撑。林场依托百万亩森林资源积极发展绿化苗木等生态产业，带动了周边林果业、旅游业、文化等产业发展，促进林场百姓脱贫致富；通过政策鼓励和技能培训，周边群众具备了安全宣传、科技推广、项目施工等多种技能，实现多渠道增收，精准带动贫困户依林脱贫；不断改善林区生产环境和当地居民生活条件，积极建设宜居宜业的美丽乡村。2021 年 2 月 25 日，在全国脱贫攻坚总结表彰大会上，塞罕坝机械林场获得"全国脱贫攻坚楷模"荣誉称号，成为河北省唯一获此殊荣的集体，这是对塞罕坝脱贫攻坚成果的极大肯定。

特别关注

　　塞罕坝机械林场集体被授予"全国脱贫攻坚楷模"荣誉称号

　　2021 年 2 月 25 日，全国脱贫攻坚总结表彰大会在北京隆重举行。大会授予 10 名同志、10 个集体"全国脱贫攻坚楷模"荣誉称号，并对全国脱贫攻坚先进个人、先进集体进行了表彰。河北

省塞罕坝机械林场获"全国脱贫攻坚楷模"荣誉称号，林草系统12 名个人、7 个集体分别荣获全国脱贫攻坚先进个人、先进集体。

（来源：《中国绿色时报》，2021 年 2 月 26 日）

拓展阅读

塞罕坝助力乡村振兴事例——扣花营村定点包村帮扶

围场县哈里哈乡扣花营村是 2014 年 12 月建档立卡贫困村，共有 210 户 609 名贫困人口。自结对帮扶扣花营村以来，每年投入资

哈里哈乡扣花营村

133

金40万元完善基础设施；投入15万元租赁流转土地，种植万寿菊等观赏植物；积极帮助跑办项目，建设精品民宿2000平方米，建成养殖小区一处，投入60万元购买基础母牛，壮大村集体经济。2019年10月全村210户609名贫困人口全部脱贫出列，至2020年底全村贫困户人均纯收入9754元，较2016年底增加7405元。

切实改善林区民生。林场始终以保障和改善民生作为建设发展的根本出发点和落脚点，在培育资源、发展产业的同时，积极筹措资金改善生产环境和生产设施，加大民生建设投入。林场按照"山里治坡、山外治窝，山上生产、山下生活"原则，实施"安居工程"，全面改善一线职工生产生活环境，实现了老人和孩子在县城里安居、职工在林场一线岗位乐业。同时林场新建改造望火楼和检查站，对道路设施进行网格化完善，加强网络通信覆盖，建成特色文化广场，着力打造一座生态型宜业、宜游特色森林小镇，一系列民生建设极大提升了林区职工的幸福指数，为林场人才安居乐业、扎根一线提供了坚实保障。

图说塞罕坝

新城鸟瞰

职工公寓

改造前后林路对比

20世纪90年代以来，林场加强了道路、电力、通信等基础设施建设。截至2020年，修建林区道路840公里，其中砂石路690公里，林区主干道油路150公里，林区道路网格化格局初步形成，为护林防火、生产经营、森林旅游等各项事业发展提供了保障。

绿色发展是塞罕坝的不懈追求。几十年来，塞罕坝人为高寒荒原铺满了绿色，印证了"保护生态环境功在当代、利在千秋"的论断，生动诠释了"绿水青山就是金山银山"的绿色发展理念。从一片荒漠到广袤林海，从治理黄沙到科学育林，从供应原木材料到提供生态产品，从修复生态到林业惠民，三代塞罕坝建设者用实际行动不仅实现了经济发展和生态保护的统一，还成为了绿色发展的生动范例，也践行了为人民创造幸福生活的绿色道路。塞罕坝之路，是播种绿色之路，是捍卫绿色之路，是以塞罕坝精神为引领的绿色发展之路。

在"牢记使命、艰苦创业、绿色发展"的塞罕坝精神中，三个重要内涵并不是孤立和割裂的，它们紧密联系、相辅相成、相互作用，共同成就了伟大的塞罕坝精神。整体来讲，塞罕坝建设者是以"牢记使命"为灵魂，在建设过程中依靠"艰苦创业"的鲜明特质，向着"绿色发展"的价值追求踔厉奋发、勇毅前行。其中，"牢记使命"是主要内因和思想指引，起根本作用、居支配地位，是塞罕坝精神的灵魂，决定了"艰苦创业"和"绿色发展"的性质和方向，"艰苦创业"和"绿色发展"的产生都是来源于牢记使命。"艰苦创业"是"牢记使命""绿色发展"的必要基础，塞罕坝建设者依靠"艰苦创业"的鲜明特质，不畏艰难险阻，发扬艰苦奋斗精神，发挥创新创业能力，在"牢记使命"思想指引下，践行"为首都阻沙源、为京津涵水源"的绿色使命。"绿色发展"是必然结果、发展目标和价值取向，"牢记使命"和"艰苦创业"最终都要落脚到"绿色发展"上，二者最终是为了实现"绿色发展"的远大目标和永恒价值追求。因此，"牢记使命"是塞罕坝建设者的政治本色，"艰苦创业"是塞罕坝建设者砥砺奋进的力量源泉，"绿色发展"是塞罕坝发展建设的目标方向，三者一脉相承、相互联系、共同作用，为我国新时代中国特色社会主义生态文明建设提供精神动力支持。

第 四 章

历久弥新的精神伟力：
传承、发扬、开新

塞罕坝精神发源于建设新中国的伟大事业，是一代代塞罕坝建设者忠于党、忠于人民、无私奉献的生动体现。在全面建设社会主义现代化国家、向第二个百年奋斗目标进军的新征程上，更加需要价值引领、文化滋养、精神支撑。生态文明建设实践中所孕育的塞罕坝精神，有效增强了中国共产党人的精神动能，发扬了中华民族伟大奋斗精神，传承了中华优秀传统文化，树立了生态文明建设的精神航标，展示了全球生态治理的中国担当，具有重要的时代价值。

第一节　增强中国共产党人的精神动能

习近平总书记强调，人无精神则不立，国无精神则不强。[①] 一百年来，中国共产党弘扬伟大建党精神，在长期奋斗中构建起中国共产党人精神谱系，锤炼出鲜明的政治品格，成为中国共产党在强敌面前勇夺胜利、在困境面前化险为夷的强大武器，是中国共产党从弱到强、不断壮大的不竭动力，是党带领人民在各个历史时期进行伟大斗争的精神支撑，是我们党和国家事业发展进步的活力源泉。

塞罕坝精神是中国共产党人精神谱系的历史传承、现实实践和时代创新，有力增强了中国共产党人的精神动能。习近平总书记关于塞罕坝精神的重要指示，为各地精准把握塞罕坝精神内核、结合自身实际推动

---

① 习近平：《在纪念红军长征胜利 80 周年大会上的讲话》，人民出版社 2016 年版，第 9 页。

当地高质量发展指明了方向，更使塞罕坝精神在当代及未来中国特色社会主义事业发展中焕发出强大的时代魅力。

一、同根同源，血脉相依

中国共产党人精神谱系是由包括塞罕坝精神在内的，一系列中国共产党在不同历史时期形成的伟大精神所共同构筑的同根同源、血脉相依的整体。塞罕坝精神对于具体精神形态的传承和全新凝练延续了中国共产党人精神谱系的共同内核，解决了新的历史任务和现实问题，是延续精神内涵与拓展时代外延的交融。塞罕坝精神与中国共产党人精神谱系中一贯传承的价值核心相呼应，是其深刻内涵的赓续传承。

牢记使命体现了建设者们对党忠诚的精神品质。塞罕坝人对党绝对忠诚是唯一的、无条件的、不掺任何杂质的、没有任何水分的忠诚，是贯穿塞罕坝精神的重要政治品格、价值立场和精神底色。在忠诚于党的信仰方面，塞罕坝人始终坚定对马克思主义的信仰、对社会主义和共产主义的信念，自觉做共产主义远大理想和中国特色社会主义共同理想的坚定信仰者和忠实实践者；在忠诚于党的组织方面，塞罕坝人始终把党放在心中最高位置，牢记第一职责是为党工作，听从党的召唤，服从党的决定，做到个人服从组织、下级服从上级、个性服从党性、局部服从全局，任何时候都与党同心同德；在贯彻执行党的路线方针政策方面，塞罕坝人坚决响应"绿化祖国""实现大地园林化"的号召，牢记"为首都阻沙源、为京津涵水源"的使命，持之以恒推进生态文明建设。第一代塞罕坝建设者张云才回忆起当年创业时的艰难，仍然历历在目。他讲到，一天和两位同事进行野外规划调查，早上爬到一座山上，眼看天要下大雨，却找不到躲避雨的地方，只能眼睁睁地挨雨淋，三个人被大雨浇得全身湿透，身体冻得受不了，只能互相用尿浇到对方身上来取暖。后来用了 5 个多小时走了近 10 公里的路程，才走到一户百姓家中，烤干衣服，三个人喝了一水桶热米粥。第二天早上起来继续到野外调查。三代塞罕坝建设者以对党绝对忠诚的纯洁政治品质和高尚道德情操，不畏艰难，竭尽全力做好本职工作，坚决践行党和国家赋予的生态责任和绿色使命。

艰苦创业体现了建设者们艰苦奋斗的优良作风。塞罕坝精神是中国共产党人艰苦创业、甘于奉献的生动写照。初期，塞罕坝是全国造林条件最艰苦的地区之一，第一任副场长王福明曾写过一首打油诗："渴饮沟河水，饥食黑莜面。白天忙作业，夜宿草窝间。雨雪来查铺，鸟兽绕我眠。劲风扬飞沙，严霜镶被边"。面对高寒、高海拔、大风、沙化和少雨等极端环境，塞罕坝人"天当床，地当房，草滩窝子做工房"，他们拉起随身携带的手风琴，吹响心爱的口琴，没有乐器就敲响锅碗瓢盆助兴，激情狂欢的歌声常飘荡在塞罕坝的夜空，大家有说有笑，情绪非常饱满，个个生龙活虎，从不叫累，这群热血沸腾的年轻人以逢山开路、遇水架桥的必胜信心投入紧张的工作中。"一日三餐有味无味无所谓，爬冰卧雪冷乎冻乎不在乎"，这种"以苦为乐、乐在其中"的精神，在塞罕坝传承不息。如今，塞罕坝人向土壤贫瘠和岩石裸露的石质阳坡进军，大力开展攻坚造林工程。石质阳坡平均坡度达到 35 度，最高坡度达 46 度，土壤厚度只有几厘米，机械设备根本用不上。肩扛马拉、镐刨钎凿、保水覆膜……10 万多亩石质荒山实现全部绿化，使"艰苦创业"不断注入了新的时代内涵。

拓展阅读

作业区的创建

建场初期，按建场总体《设计任务书》设计，全场 5 个下属分场共设计 19 个作业区。大唤起分场 4 个，第三分场 3 个，阴河分场 6 个，北曼甸分场 3 个，千层板分场 3 个。很多作业区的设施建设相当简陋。建房的间数少，跨度小，举架矮，为砖石、土、瓦或草结构。窗户为糊纸的格子窗，地面一般为黄土垫地。所建房舍，一般厨房连作业区主任办公室里外屋。主任办公室多为 4 人以上住宿，同时还兼会议室。

绿色发展体现了建设者们爱国为民的家国情怀。建设生态文明是关系人民福祉、关乎民族未来的长远大计。60 余年来，塞罕坝人砥砺奋进、笃定前行，经历无数艰难困苦走到今天，实现了塞罕坝的绿色蜕变，并用绿色发展开创未来。在思想观念上，塞罕坝人始终牢记全心全意为人民服务的根本宗旨，坚持以人为本、人民至上的价值取向，不仅实现了"为首都阻沙源、为京津涵水源"，更有效改善了塞罕坝及周边地区的气候条件，营造了良好的人居环境，用最美"绿色"造福人民。在发展机制上，塞罕坝机械林场把植树造林和生态利用有机结合，激活绿色发展新动能，在生态环境保护的同时大力发展生态旅游、苗木产业等，带动周边群众就业，有效把资源优势转化为经济优势，不断增强群众获得感、幸福感、安全感。如今最让塞罕坝人引以为豪的是，森林所带来的让世人瞩目的生态效益。时任林场党委书记、场长刘海莹说，森林还产生了许多附加值，周边群众可以直接受益，每年上山采摘蘑菇、野菜、药材等项收入就可达数百万元。在工作举措上，塞罕坝成为我国生态建设的一面旗帜，积极向各地介绍绿化造林体制机制、创新模式，以及森林经营、森林防火、病虫害防治等方面的丰富经验，有效助推其他地区开展生态建设，实现经济社会发展、生态环境保护、群众民生福祉有机统一。

二、薪火相传，继往开来

伟大建党精神是中国共产党人精神谱系的源头，既是中国共产党在革命和战争年代担当民族大任、解救民族危亡之时创建党组织的实践活动的产物，凝练着早期中国共产党的先驱们坚持在马克思主义指导下创建中国共产党的价值观和理想信念，又贯穿于党的百年发展的始终，串联起党的百年奋斗历程中形成的各类共产党人精神。伟大建党精神与党在不同历史时期形成的伟大精神，是源与流的关系。伟大建党精神引领塞罕坝精神的锻造生成，为塞罕坝精神提供理论基础和价值引领；塞罕坝精神是对伟大建党精神的传承弘扬，是伟大建党精神在生态建设领域的延伸和拓展，为伟大建党精神增添了新的时代内涵。

"坚持真理、坚守理想"列在了伟大建党精神内涵的第一层次，凸显了理想信念在中国共产党人精神中的突出地位，体现了我们党始终带领人民群众在奋斗实践中坚持马克思主义，保持对真理和理想的坚守。坚定的理想信念贯穿于中国共产党百年发展历程之中，更是塞罕坝精神的根本动力。塞罕坝第一代建设者在党的号召下，怀着"革命理想高于天"的英雄胆魄与远大抱负来到这片茫茫荒原，抱定"到祖国最需要的地方去"的红色信念开启了向荒原沙地进军的漫漫征程。坚定的理想信念是支撑一代又一代塞罕坝人誓死守卫党和国家所赋予的绿色使命的根本动力。

"践行初心、担当使命"集中体现了我们党初衷不改、本色依旧的鲜明特质，体现了中国共产党人坚持人民立场，将实现中国人民的幸福和中华民族伟大复兴作为一切工作的出发点和奋斗目标，彰显出中国共产党人的政治立场和历史担当。塞罕坝机械林场在落实国家阻滞沙漠南侵、构筑首都生态屏障的决策中应运而生，塞罕坝人始终秉持着将伟大祖国建设得更加美丽的使命担当，牢记"为首都阻沙源、为京津涵水源"的重托，聚焦生态保护，践行"两山"理论，下决心下力气解决好事关子孙后代的千年大计。第二代务林人戴继先在主持林场林科所工作期间，跑遍了每一个林班，带领科研人员攻克了很多技术难题。多年的超负荷工作使他积劳成疾，52岁就因病离世。临终前，面对家人，戴继先遗憾地说自己还有很多工作没有做完。儿子戴楠跪在他床头哭着说："爸，放心吧，您没干完的事，我接着干！"尽管没能和戴继先一样从事林业科研事业，但作为儿子，他对父亲"没做完的工作"的理解，就是把塞罕坝百万亩林海守好，于是他扎根到林场防火工作第一线，一干就是17年。正是因为一代代塞罕坝人践行初心、担当使命，才让塞罕坝的绿色奇迹持续延续下去。

"不怕牺牲、英勇斗争"体现着党的坚强意志和无私奉献的优良品格，是中国共产党战胜一切艰难险阻的强大精神力量。百年来，党领导人民面对各种困难和险境，就是依靠无数革命先烈、英雄人物"为有牺牲多壮志，敢教日月换新天"的大无畏精神，献身党和人民的事业，才成就了今日的中国。塞罕坝机械林场曾是全国知识分子最为集中的林场，其中有127名大中专知识分子，由于条件艰苦，他们的下一代失去了接受良好教育的机会，截至20世纪80年代初，林场职工子女没有一个考上大学。当年上坝的那批大学生平均寿命不到52岁，相比山下人少了15岁，青壮年的死亡率比山下人高28%。他们"献了青春献终身，献了终身献子孙"，用生命和鲜血浇灌绿色，矢志不渝、知难而进，完成了党交给的光荣任务，这种巨大付出成为不怕牺牲、英勇斗争的生动写照。

感动人物

宣占奎不畏艰难保通讯

宣占奎是塞罕坝林场的一名职工，他和另外两名职工的任务是保障电话线路畅通和设备维修。一年四季随时出发，遇着大雨、寒风刺骨、风雪交加也从不耽误。

1976年，建成林场、六个分场、二十八个作业区和十几个检查站、六个防火瞭望楼四层网络，任务十分繁重，查线的频度加重，就更不分昼夜、天气和节假日，接到通知马上动身。许多时候顶风冒雪，反复牵马上梁爬坡，绕沟过坎一杆一杆地查线，遇到断杆，马上打帮桩或换杆，再上杆接线，冻僵了手捂捂，咬着牙接着干，几乎下不来杆子，上不了马，以确保线路通畅。1977年，林场遭遇罕见雨凇灾害，折断电杆666根，需换线路260公里。冰天冻地，一刨一冒火星，他几个月没回家，吃住在工地，一直到工程结束。后来，一人退休，一人调走，只剩下宣占奎一个人坚持，工作量剧增，他也毫无怨言。

1985年末，他退休后，仍然眷恋电话外线工作，多次发挥余热。参加改线施工，因技术熟练，主动上杆，给年轻人树立了榜样。一次从杆上掉下来，摔在140型汽车上备用的松木架杆上，架杆梢部猛然吃重，又把他脸朝下弹到地上，顿时昏了过去，同事们赶紧给他弯胳膊又蜷腿，呼喊着。过了好一阵子才醒过来，休息一会儿，站起来后接着干活。

宣占奎为大面积森林崛起，有效保护森林和各项工作的开展，作出了艰苦卓绝的贡献，持守了一个共产党员的品德。

（来源：《塞罕劲风》，张树珊主编，中国言实出版社2021年版）

"对党忠诚、不负人民"体现着党的宗旨和基本要求。党和国家的发展历史反复证明：没有共产党，就没有新中国；只有共产党，才能领导建设和发展中国。对党忠诚是党百年来成长壮大所积累的宝贵经验，不负人民更是党一切工作的出发点和落脚点。第一代塞罕坝人响应党的号召，勇于向沙地荒原宣战，承担起绿化荒漠政治任务，肩负起涵养水源历史使命；第二代塞罕坝人牢记守护林海红色使命，持续奋斗，担负起生态保护修复重任，推动塞罕坝机械林场持续健康发展；第三代塞罕坝人坚持"绿水青山就是金山银山"理念，按照党和国家统筹推进生态建设布局，以新思维新方法新理念不断推动塞罕坝与时代接轨。一代代塞罕坝人用实践书写着对党忠诚、不负人民的壮丽诗篇。

拓展阅读

伟大建党精神的提出

2021年7月1日，中共中央总书记、国家主席、中央军委主席习近平在庆祝中国共产党成立100周年大会上的讲话提道："一百年前，中国共产党的先驱们创建了中国共产党，形成了坚持真理、坚守理想，践行初心、担当使命，不怕牺牲、英勇斗争，

中共一大会址

对党忠诚、不负人民的伟大建党精神，这是中国共产党的精神之源。""一百年来，中国共产党弘扬伟大建党精神，在长期奋斗中构建起中国共产党人的精神谱系，锤炼出鲜明的政治品格。历史川流不息，精神代代相传。我们要继续弘扬光荣传统、赓续红色血脉，永远把伟大建党精神继承下去、发扬光大！"

三、生态文明领域的杰出典范

中国共产党人精神谱系根植于党的奋斗历史，又为党发展壮大提供了强大精神动力，涉及政治、经济、军事、外交、科技、生态等方方面面。塞罕坝精神目前是中国共产党人精神谱系在生态文明领域的突出体现、杰出典范，是中国共产党伟大事业在生态文明领域的强大支撑，具有丰富的历史内涵和时代价值。塞罕坝精神对全国生态文明建设具有重要示范意义。它的整个发展历程就是党和国家生态文明建设决策部署落地见效的过程。特别是党的十八大以来，新一代塞罕坝人坚决贯彻习近平生态文明思想，以强化资源管护巩固生态建设成果，以科技创新推进增林扩绿，以优化结构促进永续发展，不断提升林场建设的现代化水平，更为有力地推动了生态文明建设。

践行绿色发展的榜样标杆。党中央高度重视生态文明建设，党的十八大把生态文明建设纳入中国特色社会主义事业"五位一体"总体布局，党的十八届五中全会确立了"创新、协调、绿色、开放、共享"的新发展理念，党的十九大将"增强绿水青山就是金山银山的意识"写入党章，十三届全国人大一次会议将新发展理念、生态文明和建设美丽中国等内容写入宪法，党的二十大提出"中国式现代化是人与自然和谐共生的现代化"。将塞罕坝精神纳入中国共产党人精神谱系，突出体现了党中央对绿色发展的高度重视，充分彰显了对推进生态文明建设的坚强意志和强大决心。塞罕坝人在荒漠沙地上接力奋斗，营造百万亩林海，发展绿色产业，探索生态保护与经济协同发展之路。塞罕坝精神中对生态文明建设和绿色发展理念的坚守，与我国推进生态文明建设的战略布局同频共振、同向聚合，成为精神谱系中践行绿色发展的典范。

▤ 拓展阅读

"增强绿水青山就是金山银山的意识"写入党章

中国共产党第十九次全国代表大会部分修改，2017 年 10 月 24 日通过的《中国共产党章程》指出，"中国共产党领导人民建设社会主义生态文明。树立尊重自然、顺应自然、保护自然的生态文明理念，增强绿水青山就是金山银山的意识，坚持节约资源和保护环境的基本国策，坚持节约优先、保护优先、自然恢复为主的方针，坚持生产发展、生活富裕、生态良好的文明发展道路。着力建设资源节约型、环境友好型社会，实行最严格的生态环境保护制度，形成节约资源和保护环境的空间格局、产业结构、生产方式、生活方式，为人民创造良好生产生活环境，实现中华民族永续发展。"

"增强绿水青山就是金山银山的意识"等内容写入党章，对全党更加自觉、更加坚定地贯彻党的基本理论、基本路线、基本方略，统筹推进"五位一体"总体布局具有十分重要的作用。

"生态文明"写入宪法

十三届全国人民代表大会第一次会议通过的《中华人民共和国宪法修正案》指出，"推动物质文明、政治文明和精神文明协调发展，把我国建设成为富强、民主、文明的社会主义国家"修改为

"推动物质文明、政治文明、精神文明、社会文明、生态文明协调发展，把我国建设成为富强民主文明和谐美丽的社会主义现代化强国，实现中华民族伟大复兴。"

"生态文明"正式写入国家根本法，实现了党的主张、国家意志、人民意愿的高度统一。

（来源：新华网，2019年6月5日）

推进人与自然和谐共生的强大动力。党的二十大报告提出，"必须牢固树立和践行绿水青山就是金山银山的理念，站在人与自然和谐共生的高度谋划发展"。三代林场建设者发扬共产党人艰苦奋斗作风，在塞罕坝建起百万亩生态绿地，有效进行生态建设与保护的同时，更实现了生态效益、经济效益以及社会效益的多层提升，创造了我国生态文明建设的奇迹，展现了人与自然和谐发展的新格局。在这个过程中所凝练出的"牢记使命、艰苦创业、绿色发展"的塞罕坝精神为其他地区推动美丽中国建设，实现人与自然和谐共生提供了强大的精神力量。例如，浙江省淳安县以美丽中国建设为抓手，坚持生态为先、发展为要、创新为重，生态底本更加夯实、产业结构不断优化、人居环境持续改善、创新活力日渐迸发，"两山"转化成果频出，生态环境持续向好，荣获第十一届"中华环境奖"，得到了全社会的广泛认可。

传播生态文明理念的重要载体。塞罕坝机械林场先后荣获"国有林场建设标兵""全国五一劳动奖状""时代楷模""全国文明单位""最美奋斗者"等荣誉称号，成为全社会学习的榜样。2017年塞罕坝机械林场因在环境保护事业的杰出贡献被联合国环境规划署授予联合国环保最高荣誉——"地球卫士奖"，"他们筑起的'绿色长城'，帮助数以百万计的人远离空气污染，并保障了清洁水供应"。联合国环境规划署执行主任埃里克·索尔海姆接受新华社记者采访时说。2021年塞罕坝机械林场因在荒漠化与土地退化治理方面作出杰出贡献获得联合国防治荒漠化领域最高荣誉——"土地生命奖"，这是塞罕坝机械林场获得的第二个联合国最高荣誉。塞罕坝治理实践为全球环境保护和荒漠化治理贡献了中国智慧，有效促进了我国生态文明建设理念与成就的国际传播。塞罕坝精神凝聚社会共识、汇聚国际力量的强大功用，成为新时代推动生态文明建设的重要力量。

📑 拓展阅读

塞罕坝林场建设者获联合国"地球卫士奖"

这是2017年12月5日在肯尼亚内罗毕联合国环境规划署总部拍摄的塞罕坝林场老中青三代陈彦娴、刘海莹、于士涛的合影。

塞罕坝林场老中青三代建设者陈彦娴（中）、刘海莹（左）、于士涛（新华社记者　陈诚摄）

三代造林人半个多世纪的持续奋斗，让贫瘠沙地变成绿水青山，也获得世界赞誉。2017年12月5日，联合国环境规划署宣布，中国塞罕坝林场建设者获得2017年联合国环保最高荣誉——"地球卫士奖"。

"他们筑起的'绿色长城'，帮助数以百万计的人远离空气污染，并保障了清洁水供应。"联合国环境规划署执行主任埃里克·索尔海姆接受新华社记者采访时说。

当地时间 18 时许，联合国环境规划署在内罗毕举行的第三届联合国环境大会期间举办新闻发布会，宣布了今年的"地球卫士奖"，塞罕坝林场建设者获得其中的"激励与行动奖"。

塞罕坝林场位于中国河北省北部，占地 9.3 万公顷。由于历史上的过度采伐，土地日渐贫瘠，北方沙漠的风沙可以肆无忌惮地刮入北京。1962 年，数百名务林人开始在这一地区种植树木，经过三代人努力将森林覆盖率从 11.4% 提高到 80%。目前，这片人造林每年向北京和天津供应 1.37 亿立方米的清洁水，同时释放约 54.5 万吨氧气。

塞罕坝林场场长刘海莹告诉记者，这一奖项是对塞罕坝林场建设者 50 年艰苦创业的肯定，也是激励和鞭策。"我相信，只要我们继续推动生态文明建设，经过一代又一代的努力，中国可以创造更多像塞罕坝这样的绿色奇迹，实现人与自然的和谐共处。"

对于塞罕坝林场建设者获得"激励与行动奖"的意义，索尔海姆说："塞罕坝林场的建设证明退化的环境是可以被修复的，而修复生态是一项有意义的投资。"

"地球卫士奖"从 2005 年开始颁发，是联合国表彰世界各地杰出环保人士和组织的最高奖。

（来源：新华网，2017 年 12 月 6 日）

拓展阅读

塞罕坝机械林场获联合国"土地生命奖"

2021年9月29日，在内蒙古自治区鄂尔多斯市召开的第八届库布其国际沙漠论坛上，我国河北塞罕坝机械林场荣获联合国防治荒漠化领域最高荣誉——"土地生命奖"。

塞罕坝位于河北省承德市北部、内蒙古浑善达克沙地南缘，历史上曾经森林茂密，后由于过度采伐，土地日渐贫瘠，到20世纪50年代，成为风沙肆虐的沙源地，是中国荒漠化防治工作的一块"硬骨头"。

河北塞罕坝机械林场建场59年来，三代塞罕坝人持续开展造林绿化，攻克了荒漠沙地治理的技术难关，森林覆盖率从12%增长至目前的82%，林场林木总蓄积达1036万立方米，每年涵养水源2.84亿立方米、固碳86.03万吨，创造了荒原变林海的人间奇迹。

我国荒漠化和沙化土地约占国土面积的1/3。长期以来，我国荒漠化防治工作坚持依法防治、科学防治，不断健全法律法规，优化顶层设计，持续深化改革，加强监督考核，实施"三北"防护林、京津风沙源治理等重点工程，成功遏制荒漠化扩展态势。

全国沙化土地面积由20世纪末年均扩展3436平方公里到年均缩减1980平方公里，荒漠化面积由20世纪末年均扩展1.04万平方公里转变为年均缩减2424平方公里，为世界荒漠化防治事业贡献了"中国方案"，并打造出河北塞罕坝、内蒙古库布其、山西右玉、新疆柯柯牙等一批治沙样板，成为全球生态文明建设的生动范例。

据悉，"土地生命奖"是联合国防治荒漠化公约设立的联合国防治荒漠化最高级别奖项，旨在表彰、激励在荒漠化与土地退化治理方面作出杰出贡献、发挥模范作用的个人、集体或项目，该奖每两年评选一次，在库布其国际沙漠论坛上授奖。今年与塞罕坝机械林场同获"土地生命奖"的还有印度拉贾斯坦邦的家庭林业发展项目。

（来源：《新京报》，2021 年 9 月 29 日）

塞罕坝所获国际荣誉（左为"地球卫士奖"奖杯，右为"土地生命奖"奖杯）

第二节　发扬中华民族伟大奋斗精神

奋斗创造奇迹，奋斗铸就精神。塞罕坝机械林场建设史既是一部可歌可泣的艰苦奋斗史，也是一部催人奋进的精神锻造史。塞罕坝精神植根于塞罕坝 140 万亩的土地，源于成千上万塞罕坝人的奉献和奋斗，成长于塞罕坝日益辉煌的绿色事业，是中华民族伟大奋斗精神的集中体现和发展。

一、艰难困苦，玉汝于成

艰苦奋斗是塞罕坝人可贵的精神品质。习近平总书记指出，"中国人民自古就明白，世界上没有坐享其成的好事，要幸福就要奋斗。今天，中国人民拥有的一切，凝聚着中国人的聪明才智，浸透着中国人的辛勤汗水，蕴涵着中国人的巨大牺牲。"① 塞罕坝机械林场一路走来、发展壮大靠的就是艰苦奋斗。建场初期，恶劣的自然环境没有压垮塞罕坝人，反而塑造了他们吃苦耐劳、以苦为乐的群体性格，开启了波澜壮阔的造林历程，高寒荒漠终成绿洲；林场改革发展时期，塞罕坝人发扬老一辈艰苦奋斗的优良作风，积极进取，奋力拼搏，提高森林覆盖率，增加森林资源总量，促进产业发展，持续改善民生，绿水青山终成金山银山；进入新时代，塞罕坝人继往开来，接续奋斗，初心不改，矢志不渝，坚定开启"二次创业"新征程，用智慧和汗水续写建设生态文明、推进绿色发展新篇章。

二、千淘万漉虽辛苦，九转功成始到金

顽强奋斗是塞罕坝人强大的精神力量。人生天地间，长路有险夷。世界上没有哪个党像我们这样，遭遇过如此多的艰难险阻，经历过如此多的生死考验，付出过如此多的惨烈牺牲。一百多年来，在应对各种困难挑战中，我们党锤炼了不畏强敌、不惧风险、敢于斗争、勇于胜利的风骨和品质。这是我们党最鲜明的特质。以林场首任党委书记王尚海同志为代表的第一代塞罕坝人，"明知山有虎，偏向虎山行"，敢于啃"硬骨头"，敢于涉险滩、闯难关，义无反顾植树造林，攻克了高寒地区机

---

① 习近平：《在第十三届全国人民代表大会第一次会议上的讲话（2018 年 3 月 20 日）》，《求是》2020 年第 10 期。

械造林等诸多难关。在老一辈塞罕坝人顽强拼搏精神影响和感染下，第二代、第三代塞罕坝人坚定初心、继往开来，不懈奋斗、砥砺前行，坚定实施攻坚造林、科学营林、绿色富民，不断克服前进中的各种艰难险阻，以强大的精神意志，坚持做好种树这一件事，终让荒山变青山、荒漠变绿洲。

📖 感动人物

王文录"柳筐儿"定流沙

塞罕坝机械林场总场西一公里左右的大脑袋山，是一座流沙坡。东坡和南坡面一二百亩，有风无风都能看见往下流沙子，并逐年向东逼近。

王文录，1962年毕业于承德农专，分配到塞罕坝林场一直从事绿化工作。1982年12月他受任于技术副场长。林场有几个地方难绿化，首先要拿大脑袋山"开锹"。1983年春季，林场生产安排就绪，他按预定方案亲自攻山，先安排人编絮柳小筐儿，直径25厘米，高近30厘米，考虑三年生苗易断侧根须根，在苗圃将樟子松苗带原湿土坨装入筐内，压紧实，运到山下，挑抬都上不去，只能怀抱肩扛踏着流沙上去，他体格不好也往坡上送，按设计定点及时埋入用铁锹深挖的沙坑内，深埋湿沙十厘米以上，防止流沙或降雨冲刷露出柳筐儿。沙坡面绿化十余天，夏季调查成活率超过90%，实现了樟子松造林当年见林。而柳筐儿成为塞罕坝的独创"营养钵"。接着，又绿化了飞机场西、南两侧。造林十多年不见沙山踪影了，如今，大脑袋山碧绿接天，最粗的树已有苍松之意。

三、跬步千里，持久必成

接续奋斗是塞罕坝人崇高的精神境界。一切伟大成就都是接续奋斗的结果，一切伟大事业都需要在继往开来中推进。习近平总书记指出，"奋斗是长期的，前人栽树、后人乘凉，伟大事业需要几代人、十几代人、几十代人持续奋斗。"[1] 塞罕坝荒原变林海的绿色奇迹，是三代塞罕坝人奋斗坚守，一棒接着一棒跑、一任接着一任干、一张蓝图绘到底，接续奋斗出来的。第一代塞罕坝人听从党的召唤，汇聚在茫茫荒原，开疆辟土，在沙漠中种植绿树，为祖国建设奉献全部，建场前 20 年就成功造林 96 万亩，保存率达八成，创下当时全国同类地区保存率之最；造林不易，护林更难，第二代塞罕坝人接力守望绿色林海，高举生态建设大旗，深化改革，开拓创新，锐意进取，各项事业取得长足发展；围绕新时代林场建设发展目标，第三代塞罕坝人接续前行，坚持保护和经营并重、培育和利用并举，加大闲散宜林地、石质荒山等困难立地造林绿化力度，释放森林资源最大生态红利。

📖 **感动人物**

塞罕坝·传承

时辰 1990 年出生在一个林业家庭，如今是河北省塞罕坝机械林场阴河分场副场长，是塞罕坝第三代务林人。

时辰的爷爷时国成 1962 年来到塞罕坝，被分到大唤起分场大梨树沟营林区，成为守护塞罕坝的第一代务林人。这一守，便是

---

[1]　《习近平关于"不忘初心、牢记使命"论述摘编》，党建读物出版社、中央文献出版社 2019 年版，第 241 页。

六十多年。甲子更迭，时光流转，时国成从风华正茂到耄耋之年，塞罕坝从不毛之地变得郁郁葱葱。

时辰说道，"回想起往事，爷爷总是笑着调侃自己一人身兼多职，既做护林员，又做施工员，还兼任核算员和炊事员。日出而作，日落也不休息，哪里需要人爷爷就要顶上去"。时辰说，"即便如此，爷爷也从没想过退缩，一刻不曾懈怠。爷爷常说，这样的人生才是充实有意义的，这才是一个塞罕坝人应有的精神"。

塞罕坝第一代务林人时国成（承德广播电视台供图）

2014年，塞罕坝林场荣获"时代楷模"荣誉称号。"爷爷在电视机前聚精会神地观看，听到塞罕坝机械林场第一代职工陈彦娴讲起当时造林的故事：因为没有水喝而嘴唇干裂、满嘴起泡，张不开嘴就只能把干粮掰成小块儿往嘴里塞。爷爷不禁潸然泪下，转过

塞罕坝第二代务林人时学民（承德广播电视台供图）

头，默默擦了把眼泪，只说了三个字'不夸张'。"

后来，时辰的父亲时学民接过了接力棒，成为塞罕坝第二代务林人。时辰说："父亲在林场工作，一年到头，与家里人聚少离多，但我们从未有过一句怨言。因为我们知道，与小家的团聚相比，塞罕坝人用青春植下的那片绿，更值得父亲、值得我们每一个人去守护。"

大学毕业后，时辰回到了塞罕坝，回到了爷爷和父亲曾经奋斗过的这片土地，光荣地成为第三代务林人。九年来，时辰干过施工员，当过技术员，三千多次日月更替，心中的那颗种子早已生根发芽、开花结果。

塞罕坝第三代务林人时辰（承德广播电视台供图）

"我已不再是当初懵懵懂懂的少年，塞罕坝于我而言，也不再是故事中那遥远又神圣的岁月。它是山林间染着泥土气息的微风，是微风拂过林海带起的醉人交响，是伴着林间交响顶着烈日忙碌而又坚定的一张张笑脸，它是父辈的坚守，是我辈的继承，更是未来的希望。"时辰说，"爷爷与塞罕坝的故事已经告一段落，而我将以青春为笔，化奋斗为墨，牢记使命，勇于担当，锐意进取，继往开来，在时代的书页上留下属于我的故事、留下属于我们新一代塞罕坝人的故事"。

（来源：中央广电总台国际在线，2023年7月24日）

四、上下同欲者胜，风雨同舟者兴

团结奋斗是塞罕坝人显著的精神标识。中国共产党成立一百多年来，我们取得的一切成就，是中国共产党人、中国人民、中华民族团结奋斗的结果。习近平总书记强调，"团结奋斗是中国人民创造历史伟业的必由之路。只要在党的领导下全国各族人民团结一心、众志成城，敢于斗争、善于斗争，我们就一定能够战胜前进道路上的一切困难挑战，继续创造令人刮目相看的新的奇迹。"① 塞罕坝60多年的环境变迁，使"团结就是力量"得到有力印证。建设生态文明是人民群众共同参与、共同建设、共同享有的事业，每个人都是生态环境的保护者、建设者、受益者。塞罕坝人的团结奋斗凝结于"为首都阻沙源、为京津涵水源"的共同目标，体现在历任领导班子和干部群众的以身作则、率先垂范。塞罕坝人靠团结奋斗创造了辉煌历史，也将靠团结奋斗开辟美好未来。今天的塞罕坝机械林场正以制度创新为根本，凝聚"想在一起"的团结之心，以规划方案实施为纽带，激发"干在一起"的奋斗之力。

📖 **小 故 事**

毡靴和腿脚冻成一体的故事

1982年年底，两名科领导亲赴围场县城采购物资。汽车返回总场时，寒风呼啸，道路是白的，林子是白的，村子是白的，天空也是白蒙蒙的。在盘山道上，因为雪深，不挖雪车走不起来，司机刘文会频繁下车，高筒毡靴早已进雪融化了，行政科的李经天和曾学齐两位科长，同样拼命挖雪，毡靴也湿了。为了防止车溜坡，三

---

① 《习近平谈治国理政》第四卷，外文出版社2022年版，第34页。

个人把木枝和皮大衣垫在轮胎底下才能前行。再往前，寒风更大了，气温更低了，司机刘文会脚冻得难忍，他还没觉察到毡靴已经和腿脚冻成一体了，只是咬着牙仍然挂低挡位踩大油门，终于爬上了山顶，好像汽车也高处不胜寒，冻灭火了。此时，刘文会脚已经疼得简直要打滚，根本脱不下靴子，李经天只好用铁扳手一点儿一点儿地敲打他的毡靴，毡靴软了，终于震碎了毡靴里的冰。李经天和曾学齐费劲地把他的脚从毡靴筒里拽出来，用已经冻得发直的手捧雪给他搓好一阵子，他咬牙忍着也没掉眼泪。过一小会儿，李经天和曾学齐轮流把他的脚放在怀里捂，不长时间两人就胃疼了，疼得厉害，那也坚持捂。曾学齐说："刚来没几年，年轻轻的不能落下残疾。"刘文会感激得掉下了眼泪。在轮流捂脚时，东坝梁营林区的护林员骑着马从林子里出来，棉皮帽子和眉毛挂着雪霜，马头也满是雪霜，来到车前，看了既吃惊又深受感动，把大衣脱给刘文会暖脚。了解情况后，赶紧骑马到营林区打电话到总场，这才使三人得到救援返回了总场。

第三节　传承中华优秀传统文化

党的十八大以来，习近平总书记围绕新时代文化建设提出了一系列新思想新观点新论断，内涵十分丰富、论述极为深刻，是新时代党领导文化建设实践经验的理论总结，丰富和发展了马克思主义文化理论，构成了习近平新时代中国特色社会主义思想的文化篇，形成了习近平文化思想。中华优秀传统文化为习近平文化思想提供了丰厚的文化积淀与精神滋养。塞罕坝精神在中华优秀传统文化的传承中得以生成并不断发展，赓续了中华优秀传统文化蕴涵的民族血脉，焕发了中华优秀传统文化的感染力，实现了中华优秀传统文化与中国共产党人精神的有机结合，彰显了民族风采与时代风貌。

拓展阅读

习近平文化思想

2023年10月7日至8日，全国宣传思想文化工作会议在北京召开。会议首次提出了习近平文化思想。

会议认为，党的十八大以来，宣传思想文化工作之所以取得历史性成就，最根本就在于有习近平总书记领航掌舵，有习近平新时代中国特色社会主义思想科学指引。习近平总书记在新时代文化建设方面的新思想新观点新论断，内涵十分丰富、论述极为深刻，是新时代党领导文化建设实践经验的理论总结，丰富和发展了马克思主义文化理论，构成了习近平新时代中国特色社会主义思想的文化篇，形成了习近平文化思想。

会议提出，习近平文化思想既有文化理论观点上的创新和突破，又有文化工作布局上的部署要求，明体达用、体用贯通，明确了新时代文化建设的路线图和任务书，标志着我们党对中国特色社会主义文化建设规律的认识达到了新高度，表明我们党的历史自信、文化自信达到了新高度，并在我国社会主义文化建设中展现出了强大伟力，为做好新时代新征程宣传思想文化工作、担负起新的文化使命提供了强大思想武器和科学行动指南。习近平文化思想是一个不断展开的、开放式的思想体系，必将随着实践深入不断丰富发展。要深刻领悟"两个确立"的决定性意义，增强"四个意识"、坚定"四个自信"、做到"两个维护"，持续加强对习近平文化思想的学习、研究、阐释，并自觉贯彻落实到宣传思想文化工作各方面和全过程。

会议强调，要紧紧围绕学习贯彻习近平文化思想，围绕贯彻党的二十大关于文化建设的战略部署，切实增强做好新时代新征程宣传思想文化工作的责任感使命感，推动各项工作落地见效。坚持不懈用习近平新时代中国特色社会主义思想凝心铸魂，在真学真懂真信真用、深化内化转化上下功夫。巩固壮大奋进新时代的主流思想舆论，以强信心为重点加强正面宣传，提高舆论引导能力。广泛践行社会主义核心价值观，改进创新精神文明建设工作。促进文化事业和文化产业繁荣发展，推动中华优秀传统文化保护传承。加强和改进对外宣传工作，增强中华文明传播力影响力。坚决有效防范化解意识形态风险，敢于亮剑、敢于斗争。加强党对宣传思想文化工作的全面领导，落实政治责任，勇于改革创新，强化法治保障，建强干部人才队伍，为担负起新的文化使命提供坚强政治保证。要以钉钉子精神把各项任务要求落到实处，不断增强工作能力本领，提高工作质量效能，在建设社会主义文化强国、建设中华民族现代文明的奋斗和实践中展现新气象新作为。①

一、"天下兴亡，匹夫有责"的爱国情怀

林则徐的"苟利国家生死以，岂因祸福避趋之"，岳飞的"精忠报国"，以及范仲淹在《岳阳楼记》中的"先天下之忧而忧，后天下之乐

---

① 《人民日报》2023年10月9日。

而乐"，浓厚的爱国思想自古以来就流淌在中华民族血脉之中，成为中国共产党人精神谱系中爱国主义思想的源泉。塞罕坝精神与中华文化中忠君报国、舍生取义的爱国精神一脉相承。一代又一代塞罕坝人在塞罕坝这片热土上用青春、汗水甚至是生命书写了绿色奇迹，充分彰显了舍小家为大家的强烈使命感和无私奉献精神。他们从国家需要出发，以民族大义为重，谱写了感天动地的爱国赞歌。

感动瞬间

王尚海"舍小家为大家"

1962 年，塞罕坝机械林场建设的大幕拉开，刚刚 40 岁的王尚海是承德地区农业局局长，一家人住在承德市一栋舒适的小楼里。塞罕坝建林场，组织上动员他去任职。这个抗战时期的游击队长，后来曾担任围场第一任县委书记的汉子，又奔赴新的战场，于是，他成了塞罕坝机械林场第一任党委书记。

上坝的前两年，创业者们在王尚海等人的带领下，顶风冒雪种

王尚海（右二）一家合影

植了上千亩树苗。然而，极端气温下，树苗的成活率还不足8%，加之工作、生活条件极其艰苦，动摇了大家的信心。于是，王尚海带着年迈的父亲、妻子和5个孩子举家从承德迁至塞罕坝，破釜沉舟，以定军心。

二、"天行健，君子以自强不息"的进取意识

清代诗人郑燮"千磨万击还坚劲，任尔东西南北风"，屈原的"亦余心之所善兮，虽九死其犹未悔"，李白的"长风破浪会有时，直挂云帆济沧海"等所蕴含的拼搏奋斗精神始终指引我们昂扬向上、不断进取。自古以来，中华儿女处于艰难险阻之时，都能够以一种积极乐观、勇敢无畏的精神坦然面对，一往无前。塞罕坝精神"艰苦创业"内涵与中华优秀传统文化倡导的自强不息进取精神都表现为一种无畏、刚健、奋斗的姿态，二者内在追求十分契合。塞罕坝建设者在创业之初，面对恶劣的自然环境、艰苦的生活条件、匮乏的技术支撑，毫不妥协退缩，凭着一股干劲和韧劲，在茫茫荒漠之中耕耘绿色，半个多世纪筚路蓝缕的艰辛历程是中华民族自强不息、积极进取精神的生动写照。

感动人物

侯庆山带队打石头

三道河口林场建立于创业后期的1975年。为了节省资金用在造林上，林场职工首先从石方上做文章，不到坝下和围场购买石方，自己动手打石头。侯庆山作为林场党支部副书记，在党支部开

会研究就地取材时，自告奋勇："你们抓造林生产，我带队去打石头。"第二天就带人踏查选石头场，最终选在大阴背的西侧。随之，二十几个人在侯副书记的带领下开工了。他当时已经五十多岁，但身先士卒，首先爬上山顶，干着活，不忘提醒安全生产。参加打石头的人，都以侯副书记为榜样，奋力地、起早贪黑地干。晚上，就住在窝铺里。有人给他牵来马，叫他回场部睡热炕，解解腰乏，他果断地拒绝。两个多月下来，打了近二百立方米石头，及时保障了建房的施工进度，这些石头解决了五栋房子用石方的大问题。算来，从围场买一立方5元，一拖拉机一次运四立方，还得当天回来，至少节省5000元。如果把替代下来的砖、运费和装卸车费计算上，节省的资金何止万元！在那时，这是个不小数目，为接下来的造林提供了资金保障。

三、"天地与我并生，万物与我为一"的自然之道

《孟子》中的"不违农时，谷不可胜食也；数罟不入洿池，鱼鳖不可胜食也；斧斤以时入山林，材木不可胜用也"，《礼记》中的"孟春之月，盛德在木"，《资治通鉴》中的"其令郡国务劝农桑，益种树，可得衣食物"，都反映出尊重自然规律、重视自然环境这一中华民族优良传统。塞罕坝精神"绿色发展"内涵是中华优秀传统文化所崇尚的人与自然和谐共生的赓续传承。历史上的塞罕坝由于打破了人与自然和谐相处的平衡，导致严重生态危机。塞罕坝人坚持向绿色要发展、向绿色要未来，科学利用、适度开发，经过半个多世纪执着耕耘，终使荒漠变绿洲，用梦想与坚守创造了生态建设奇迹。塞罕坝在推进绿色发展的过程

中形成了木材生产、生态旅游、绿化苗木、森林碳汇、清洁能源五大支柱产业，森林资源资产总价值已达 200 多亿元，投入产出比为 1：19.8，森林碳储量超过 800 万吨，森林生态价值是木材价值的 39.5 倍，每年产生超百亿元的生态服务价值，走出了一条生态良好、生产发展、生活富裕的绿色发展之路。

四、"空谈误国，实干兴邦"的务实品质

《荀子·劝学》中的"不积跬步无以至千里，不积小流无以成江河"，《盐铁论·非鞅》中的"言之非难，行之为难"，《荀子·修身》中的"道虽迩，不行不至；事虽小，不为不成"，都体现了行动的重要性。踏实肯干、久久为功是中华民族历代传承的优秀品质，这份精神在历史长河中延续不断，激励着一代又一代的中华儿女在困境中奋力拼搏、逆流而上。任何事业的成功都离不开实干的作风、务实的品质。"全国绿化奖章"获得者邓宝珠很普通，也很朴实，初中毕业后，就来到塞罕坝机械林场，从一名普通的施工员，逐渐成长为技术骨干，发明了"干插缝造林法"和"十行补一行双株"植树法，大大提高了石质山地造林成活率。用他自己的话说，他一辈子只做了一件事，那就是种树造林。塞罕坝能够造就今天的伟大奇迹，正是靠着像邓宝珠这样的塞罕坝人脚踏实地，埋头苦干，不驰于空想、不骛于虚声，用奋斗书写人民答卷，用实干擎起时代大旗。

五、"凡益之道，与时偕行"的创新精神

《礼记·大学》中的"苟日新，日日新，又日新"，《周易·系辞下》中的"穷则变，变则通，通则久"，《赠君谋父子》中的"删繁就简三秋树，领异标新二月花"，都体现了中华民族历来提倡勇于创新的精神。塞罕

坝人经过艰苦卓绝的奋斗，坚持开拓创新，不断与时俱进，开展了樟子松引种、彰武松嫁接等开创性工作，极大丰富了塞罕坝的树种和植物品种；首创了"全光育苗法""三锹半缝隙植苗法"等技术，填补了我国高寒地区育苗技术的空白；积极探索高海拔、高寒地区的营林生产、有害生物防治、野生动植物资源保护与森林防火等森林经营新模式，部分创新成果已达到国际先进水平。塞罕坝人传承了开拓创新精神，攻克了一道道难关，为绿色发展筑起一层科技"保护罩"，塞罕坝从沙尘肆虐、自然条件恶劣的荒漠秃岭蜕变为水土丰沃的绿色明珠。

第四节　树立生态文明建设的精神航标

塞罕坝机械林场是推进生态文明建设的生动范例，是我国生态文明建设中的一次巨大成功。以绿色发展为价值追求的塞罕坝精神是几代共产党人探索人与自然关系的智慧结晶，有力印证了习近平生态文明思想的科学性与实践性。塞罕坝精神是高标准建设社会主义生态文明，高质量推进绿色发展的强大精神力量，树立了生态文明建设的精神航标。

📖 拓展阅读

习近平总书记说："我对生态环境工作历来看得很重。在正定、厦门、宁德、福建、浙江、上海等地工作期间，都把这项工作作为一项重大工作来抓。"[①] 担任党的总书记以来，他每年都参加首都义务植树活动，赴地方考察时必去视察生态文明建设，频繁走进国有

---

① 习近平：《论坚持人与自然和谐共生》，中央文献出版社 2022 年版，第 4 页。

秋季的大兴安岭

八步沙林场组织群众植树

林区、国有林场，体现了以习近平同志为核心的党中央对生态文明和林草工作的关心和重视。

一、"党对生态文明建设全面领导"的政治大局观

塞罕坝视觉上是绿色的，精神实质上却是红色的。中国共产党的正

167

确领导引领塞罕坝走向生态逆转的新轨道，是塞罕坝精神孕育形成的根本保证。塞罕坝的生态从断崖式退化到零基础再造式复兴的蝶变，再到成为生态文明建设的生动范例，取决于党的政治领导的定海神针作用。从根本上说，更是党的领导下中国特色社会主义集中力量办大事的领导优势、制度优势、道路优势的生动范例。党的英明决策是塞罕坝事业发展的首要前提，选派优秀党员领导干部组成坚强领导班子是锻造塞罕坝精神的核心动力，组建强大健全的党组织体系是塞罕坝事业成功的坚强保证，充分激发党支部战斗堡垒作用和党员先锋模范作用是创造塞罕坝奇迹的重要保障。

二、"生态兴则文明兴"的深邃历史观

习近平总书记指出，生态文明建设是关系中华民族永续发展的千年大计。[①] 塞罕坝的历史变迁和塞罕坝人创造的生态奇迹，正是对习近平总书记这一科学论断的生动写照，体现了中国共产党对历史、对人民、对子孙后代高度负责的鲜明立场和责任担当。保护生态环境是"国之大者"，生态保护和修复是一个需要付出长期艰苦努力的过程，不可能一蹴而就。塞罕坝的生动实践使我们有充分的理由相信，坚持节约资源和保护环境的基本国策，正确处理经济发展与生态环境保护之间的关系，完全可以走出一条人与自然和谐共生，生产发展、生活富裕、生态良好的中国特色社会主义生态文明建设新路径。

三、"人与自然和谐共生"的辩证自然观

塞罕坝的历史和现实充分证明，当人类无序开发、粗暴掠夺自然

---

① 《习近平谈治国理政》第四卷，外文出版社 2022 年版，第 355 页。

时，自然的惩罚必然是无情的；当人类合理利用、友好保护自然时，自然的回报常常是慷慨的。党的二十大报告指出，"中国式现代化是人与自然和谐共生的现代化。人与自然是生命共同体，无止境地向自然索取甚至破坏自然必然会遭到大自然的报复。"① 人与自然的辩证关系，是人类发展的永恒主题。人因自然而生，与自然是一种共生关系。包括人在内的整个自然界是一个完整有机的生态系统，具有自身运动、变化和发展的客观规律，不以人的意志为转移。人类发展活动必须尊重自然、顺应自然、保护自然。塞罕坝精神的绿色发展是顺应自然、促进人与自然和谐共生的发展，是用最少资源环境代价取得最大经济社会效益的发展，是高质量、可持续的发展。

四、"绿水青山就是金山银山"的绿色发展观

绿水青山就是金山银山，既是重要的发展理念，也是推进人与自然和谐共生的现代化必须坚持的重大原则。这个理念深刻揭示了发展与保护的辩证关系，实现了对马克思主义生产力理论的丰富和发展。党的十八大以来，习近平总书记在多个场合对"两山"论进行了系统深刻的理论概括和阐释。"我们既要绿水青山，也要金山银山。宁要绿水青山，不要金山银山，而且绿水青山就是金山银山。"② 塞罕坝精神很好地诠释了"绿水青山就是金山银山"理念，以生态修复作为首要工作重点，在生态环境逐渐恢复的基础上寻求生态环境和经济发展相协调，使"两座大山"共同发展。塞罕坝绿色发展的生动实践表明，绿水青山和金山银山从根本上讲是有机统一、相辅相成的，绝不是对立的，保护生态环境就是保护自然价值和增值自然资本，就是保护经济社会发展潜力和后

---

① 《习近平著作选读》第一卷，人民出版社 2023 年版，第 19 页。
② 《习近平关于全面建成小康社会论述摘编》，中央文献出版社 2016 年版，第 171 页。

劲，使绿水青山持续发挥生态效益、经济效益与社会效益。

五、"良好生态环境是最普惠民生福祉"的基本民生观

以人民为中心是中国共产党的执政理念。"良好生态环境就是最公平的公共产品，是最普惠的民生福祉"，这一科学论断是坚持以人民为中心的发展思想在生态文明领域的生动体现。随着现代化建设的不断推进和人民生活水平的不断提高，人民对优美生态环境的需要更加迫切，生态环境在人民生活幸福指数中的地位不断凸显。塞罕坝人牢记初心使命，在茫茫荒漠沙地构筑生态安全屏障的成功实践进一步表明，良好的生态环境关系人民群众的切身利益，解决生态环境问题不仅是经济问题，也是关系民生的重大社会问题，更是关系党的使命宗旨的重大政治问题。环境就是民生，青山就是美丽，蓝天也是幸福。塞罕坝精神很好诠释了良好生态环境是最普惠民生福祉的理念，积极回应广大人民群众热切期盼，通过改善生态环境质量，保证了人民群众的身心健康，维护了人民群众最基本的生存权和发展权，还老百姓蓝天白云、繁星闪烁、层林尽染、鸟语花香的自然美景。

六、"绿色发展是深刻革命"的创新发展观

塞罕坝机械林场明确"向绿色要发展、向绿色要未来"的发展思路，推动林场从单纯的造林伐木、提供原木材料，发展到增林扩绿、提供生态产品的转变；从单一的林业产业开发，发展到生态旅游、森林碳汇等多业并举，走出了一条生态效益、经济效益和社会效益有机统一的绿色发展之路。塞罕坝精神是绿色发展理念的成功，为推动全社会形成绿色发展方式和生活方式作了良好表率。实现绿色发展是发展观

的深刻革命，要坚持和贯彻新发展理念，正确处理经济发展和生态环境保护的关系，像保护眼睛一样保护生态环境，像对待生命一样对待生态环境，坚决摒弃损害甚至破坏生态环境的发展模式，坚决摒弃以牺牲生态环境换取一时一地经济增长的做法，让良好生态环境成为人民生活的增长点、成为经济社会持续健康发展的支撑点、成为展现我国良好形象的发力点，让中华大地天更蓝、山更绿、水更清、环境更优美。

七、"统筹山水林田湖草沙系统治理"的科学系统观

生态是统一的自然系统，是相互依存、紧密联系的有机链条。习近平总书记深刻指出，"人的命脉在田，田的命脉在水，水的命脉在山，山的命脉在土，土的命脉在林和草"①。塞罕坝尊重自然规律和经济发展规律，改变过去的单一要素治理模式，统筹考虑自然生态要素之间的内在联系，根据生态空间管控与总体布局要求，全方位推进国土空间的生态保护与修复，建设以大面积森林为基底、草原绿地为支撑、自然水系为骨架、生态廊道为网络的"山水林田湖草沙"生命共同体，用系统性思维、规模化投入、项目化管理，科学实施生态保护修复工程，在荒原上培育稳定的森林生态系统，筑牢华北地区生态屏障，形成了可复制可推广的生态治理模式。

---

① 《习近平著作选读》第二卷，人民出版社 2023 年版，第 173 页。

图说塞罕坝

白桦天然次生林向针阔混交林演替经营模式

人工异龄复层林经营模式

生态文化林经营模式

同质化森林景观改造模式

樟子松大径材培育模式

八、"用最严格制度保护生态环境"的严密法治观

生态环境是最普惠的公共产品，也是最容易发生"公地悲剧"的领域，保护生态环境必须依靠制度，而制度的生命力在于执行。塞罕坝机械林场在建设过程中，始终坚持制度创新，不断强化制度执行，把生态环境风险纳入日常管理当中，将风险防范着眼于生态环境和经济发展的动态平衡中。在处理涉林违法犯罪上，林场依托河北省森林警察总队塞罕坝支队，依法严厉打击盗伐滥伐林木、盗猎盗采野生动植物、非法运输木材等违法行为；在对商品林的经营管理上，坚持保护和经营并重、培育和利用并举的原则，对商品林集约经营、依法经营和有序利用；在预防森林火灾上，林场坚决落实《塞罕坝森林草原防火条例》等规章制度，全体干部职工始终保持高度警觉，对林场经营面积、辖区居民组、居民人数、吸烟人数等关键数据进行准确统计，要求相关单位和个人签订责任书。塞罕坝严格执行生态文明制度和林草相关管护制度，让制度成为刚性约束和不可触碰的高压线，切实把制度的刚性和权威真正树立起来，不做任何选择、不搞任何变通、不打任何折扣。

九、"把建设美丽中国转化为全体人民自觉行动"的全民行动观

美丽中国是全体中国人民共同参与、共同建设、共同享有的伟大事业。塞罕坝的第一代创业者来自全国 18 个省市，从创业初期开始，每年都有数以千计的承德老百姓上坝植树，与塞罕坝机械林场干部职工共同奋战。当时干部群众人人争当"政治思想好、任务完成好、造林植苗好、团结互助好、遵守劳动纪律好"的五好社员，形成"林场比家亲、林场比家好，明年再造林、一定早报到"的全民参与氛围。塞罕坝精神是在党的领导下，几代务林人和广大人民群众共同铸就的，是中华民族

和中国人民为尊重和保护自然展开不屈不挠英勇斗争伟大精神的生动写照。塞罕坝建设者以坚韧不拔、锐意进取的意志品格接力造林，始终坚持绿色发展的战略定力，为正确处理人与自然关系树立了良好典范，有利于调动广大人民群众建设生态文明的积极性和创造性，为生态文明建设汇聚强大力量。

特别关注

《中共中央　国务院关于全面推进美丽中国建设的意见》发布

《中共中央　国务院关于全面推进美丽中国建设的意见》2024年1月11日发布。

意见提出，建设美丽中国是全面建设社会主义现代化国家的重要目标，是实现中华民族伟大复兴中国梦的重要内容。

意见要求，"十四五"深入攻坚，实现生态环境持续改善；"十五五"巩固拓展，实现生态环境全面改善；"十六五"整体提升，实现生态环境根本好转。

意见分为10章共33条，聚焦美丽中国建设的目标路径、重点任务、重大政策提出细化举措，主要部署了以下重点任务：加快发展方式绿色转型、持续深入推进污染防治攻坚、提升生态系统多样性稳定性持续性、守牢美丽中国建设安全底线、打造美丽中国建设示范样板、开展美丽中国建设全民行动、健全美丽中国建设保障体系等。

意见还从不同角度提出美丽中国建设的一揽子激励性政策举措，调动各方面共建共享美丽中国的积极性、主动性和创造性。

（来源：新华社，2024年1月11日）

十、"共谋全球生态文明建设之路"的全球共赢观

党的二十大报告指出，"构建人类命运共同体是世界各国人民前途所在"。唯有携手合作，才能有效应对气候变化等全球性环境问题。毫无疑问，在我们这样一个 14 亿多人口的大国，走出一条生产发展、生活富裕、生态良好的文明发展道路，建成富强民主文明和谐美丽的社会主义现代化强国，必将为解决人类社会发展难题作出重大贡献，也将会为全球环境治理提供成熟的中国理念、中国方案。作为全球推进生态环境保护的典范，2017 年塞罕坝荣获联合国环保最高荣誉——"地球卫士奖"，2021 年荣获联合国防治荒漠化领域最高荣誉——"土地生命奖"，这些荣誉是中国生态环境改善和高质量发展的生动体现。塞罕坝为中国生态建设提供的经验和为应对气候变化、构建人类命运共同体贡献的中国智慧弥足珍贵。

第五节　展现全球生态治理的中国担当

塞罕坝成功范例在国内国际获得了重要荣誉，赢得了广泛赞誉，中国生态文明建设成就有了世界性影响，世界对中国绿色发展理念给予高度肯定，全球环境治理有了"中国榜样"。我国成为全球生态文明建设的重要参与者、贡献者、引领者，为世界生态文明建设提供了中国林草智慧，对增强全社会乃至全球生态文明意识、凝聚生态文化共识具有重要意义。

一、那一抹"中国绿"惊艳了世界

半个多世纪以来，三代塞罕坝人响应党的号召，在极其恶劣的自然环境中，一代接着一代干、一张蓝图绘到底，实现了生态环境根本性改变。塞罕坝建成世界上最大的人工林海，为地球增添了更多"中国绿"，扩大了全球绿色版图，既造福了中国，也造福了世界。截至 2022 年底，全场总经营面积 140 万亩，有林地面积 115.1 万亩，森林覆盖率达到 82%，林木总蓄积量达到 1036.8 万立方米，森林资源总价值约 231 亿元。如果把塞罕坝的树按一米株距排开，可以绕地球赤道 12 圈，相当于给这个蓝色星球系上 12 条漂亮的"绿丝巾"。塞罕坝用于开发林业碳汇项目的面积达到 77 万亩，占森林总面积的 66.9%，共备案林业碳汇量 700 万吨二氧化碳当量，为实现"碳达峰""碳中和"作出重大贡献。

2019 年 2 月美国航空航天局发表在英国《自然·可持续发展》杂志上的研究报告显示，最新卫星数据（2000—2017 年）表明，地球与 20 年前相比绿色更多，全球绿化面积增加了 5%，这相当于一个亚马孙雨林的面积，而主要贡献则来自中国和印度。但印度的新增绿化面积主要来自农田（82%），森林则很少（4.4%），而中国的新增绿化面积，森林（42%）占到了几乎一半。全球从 2000 年到 2017 年新增的绿化面积中，约四分之一来自中国，贡献比例居全球首位。这四分之一主要是来自植树造林，也就是大规模国土绿化，无论是在沙区、西北干旱地区，还是在一些东部地区，所有能够进行国土绿化的情况下，都在增绿，这一贡献非常显著。经过多年坚持不懈植树造林，《2021 中国林草资源及生态状况》显示，我国森林覆盖率达到 24.02%，森林面积达到 34.6 亿亩，森林蓄积量达到 194.93 亿立方米，草地面积 39.68 亿亩，人工林面积稳居全球第一。塞罕坝是中国植树造林的典范，每一棵树、每一片林都诉说着中国的绿色发展，描绘着美丽中国的绿色底色，也成为中国对全球的绿色贡献。

📖 数说中国

中国森林资源动态变化情况

年份	森林面积（亿公顷）	森林覆盖率（%）	森林蓄积（亿立方米）
1976	1.22	12.70	86.56
1981	1.15	12.00	90.28
1988	1.25	12.98	91.41
1993	1.37	13.92	101.37
1998	1.59	16.55	112.66
2003	1.75	18.21	124.56
2008	1.95	20.36	137.21
2013	2.08	21.63	151.37
2018	2.2	22.96	175.60
2022	2.31	24.02	194.93

数据来源：中国历次森林资源清查及国家林业和草原局相关数据。

二、"看了塞罕坝，我觉得中国人真了不起"

塞罕坝不仅是我国生态文明建设的一面旗帜，也是世界环境保护事业的一个标杆。从一片荒漠到广袤林海，从治理黄沙到科学育林，从生态修复到生态惠民，塞罕坝成功走出一条生态与经济紧密结合、互惠互利的新型绿色发展道路。塞罕坝机械林场的生态建设实践是防治荒漠化、重建森林、保护生物多样性、应对气候变化和可持续发展的成功案例，为其他国家开展生态建设提供了良好借鉴和科学指引，为探索未来全球生态治理模式、推动人类命运共同体建设带来宝贵经验。联合国副秘书长、环境规划署执行主任索尔海姆在考察塞罕坝后说："看了塞罕坝，我觉得中国人真了不起！"

塞罕坝为非洲及其他地区沙地变绿地提供了可能性借鉴。非洲绿色和平组织代表菲利斯·恩刚伽说到，在非洲大部分未开垦的地方是沙地，中国有能力改变沙地生态，这是我们特别需要的信息。这样，我们就能拓展我们国家的生物多样性，改善我们的生态系统。中国让不可能变为可能对我们来说很重要，这意味着我们可以借鉴中国，在非洲创造沙地变绿地的可能。联合国环境规划署曾发布专项报告，向世界介绍中国在生态保护方面的经验，联合国防治荒漠化公约组织30多个国家代表到塞罕坝林场考察学习植树造林、防沙固沙技术。在国内外的交流与合作中，众多研修班和考察团到林场参观访问，2011年7月非洲治沙专家来塞罕坝考察防沙治沙；2016年10月来自美国、德国等9个国家参加第五届福斯特曼国际研讨会的40余名外国专家赴塞罕坝机械林场考察生态建设；2018年10月第四届世界人工林大会部分科研机构、院校等专家学者到塞罕坝机械林场考察调研生态公益人工林发展成就。塞罕坝向世界积极分享生态治理经验，有力推动了生态文明共建共享。

图说塞罕坝

2011年7月非洲治沙专家来塞罕坝考察防沙治沙

2016 年 10 月，第五届福斯特曼国际研讨会代表在塞罕坝机械林场考察生态建设

2018 年 10 月，第四届世界人工林大会专家学者在塞罕坝机械林场考察调研

三、"塞罕坝倡议"

经过多年的发展，塞罕坝已经成为我国生物多样性富集、森林结构完善、森林环境优美、森林功能强大的区域代表，在全球生态文明建设领域展现了中国力量，成为世界生态文明建设史上的典范。联合国副秘

书长、环境规划署执行主任索尔海姆感慨塞罕坝实现了了不起的成就：
"世界需要迅速恢复森林植被，很多地方都需要绿化。塞罕坝给我们的
启示在于通过三代人的努力，我们看到大片的绿色森林得以恢复。这
是塞罕坝人和中国北方一个了不起的成就，同时也将鼓舞世界其他地
方。"2023 中国国际生态竞争力峰会召开，多国驻华使节和政商学界代
表等 400 余人出席会议，峰会发布了《塞罕坝倡议》，涉及"加快推动
绿色发展转型，切实增强绿色产业动能""积极推进产业结构调整，协
同推进高质量发展和高水平保护""大力倡导绿色低碳生活理念，切实
减轻可持续发展压力""加强国际生态建设合作，推动生态文明共建共
享""大力弘扬塞罕坝精神，充分发挥典型示范作用"五方面内容，传
递出中外各方加强合作、努力促进人与自然和谐共生、共同推进环境治
理、共建人类美好家园、助力加快落实《联合国 2030 可持续发展议程》、
构建更加平等均衡的全球发展伙伴关系的绿色低碳转型强音，有效凝聚
了绿色发展共识。

拓展阅读

2023 中国国际生态竞争力峰会在河北承德开幕

2023 年 8 月 25 日，2023 中国国际生态竞争力峰会在河北承德
开幕。本届峰会以"培育绿色生态，推动绿色发展"为主题，通过
分享生态建设理念，交流绿色转型经验。开幕式上，24 个生态环
境领域的投资合作重点项目集中签约，并发布了《塞罕坝倡议》，
呼吁与会各方加强合作，努力促进人与自然和谐共生。全国政协
副主席、民盟中央常务副主席王光谦出席开幕式并致辞。来自斯里
兰卡、吉尔吉斯斯坦、韩国、加拿大等 12 个国家的国际组织代表、
外国政府部门负责人、驻华使馆官员、国际商协会代表、跨国公司

代表，以及国家有关部门领导、专家学者、行业协会代表、央企国企代表 400 余人与会。

2023 中国国际生态竞争力峰会现场

（来源：澎湃新闻，2023 年 8 月 25 日）

抓生态文明建设，既要靠物质，也要靠精神。一代代塞罕坝人接续奋斗，在艰辛的创业征途中，用忠诚和执着凝结的塞罕坝精神，为生态文明意识提升提供了丰富生动的素材，激励各国人民共建世界生态文明，对凝聚全球生态文化共识具有重要意义。宇宙只有一个地球，人类共有一个家园，只有并肩同行，才能有效应对气候变化、海洋污染、生物保护等全球性环境问题，才能让绿色发展理念深入人心、让全球生态文明之路行稳致远。

第 五 章

**厚植于心，在增强理想信念中
弘扬塞罕坝精神**

塞罕坝机械林场建设实践是习近平生态文明思想的生动体现，塞罕坝精神是林草人拼搏奋斗的鲜红旗帜，是生态文明事业实现高质量发展的思想引领。大力弘扬塞罕坝精神，必须在厚植于心上下功夫，深刻学习理解塞罕坝精神，不断增进对塞罕坝精神的政治认同、思想认同、理论认同、情感认同，做到至信而深厚、融通而致用、执着而笃行。

第一节　在筑牢弘扬途径上做文章

学习弘扬塞罕坝精神，需要构建国家、社会、家庭、个人常态化长效化协同学习机制，营造全社会全行业广泛学习领会塞罕坝精神的良好氛围。

一、夯实干部培训主战场

充分发挥塞罕坝精神在党性教育及干部培训中的积极作用，日常化推进塞罕坝精神的学习和践行。一是对党员干部开展专题教育，增进党员干部对塞罕坝精神的价值认同。组织开展塞罕坝精神理论教育专题活动，对党员干部进行关于塞罕坝精神的形成背景、过程和内涵的教育；充分利用党委（党组）理论学习中心组制度、主题党日、"三会一课"、学习专栏等学习形式，通过线上线下相结合、集中自学相结合，推动广大党员干部经常性学习。二是统筹安排教学内容，实行理论与实践相结合的教学模式。充分发挥塞罕坝机械林场思想教育基地、科普基地、实践创新基地、爱国主义教育示范基地的作用，配合理论学习开展现场教学体验活动，加强党员干部对塞罕坝精神的实践探索。三是开发干部学习培训教材、课程资源，创新教育培训形式。塞罕坝精神学习培训要遵循党员干部的认知和学习规律，避免重复内容和环节，利用各种教学资源，创新学习内容，形成以塞罕坝精神为主要资源的科学合理的课程体系和知识读本。国家林业和草原局管理干部学院（中共国家林业和草原局党校）开发了《塞罕坝精神是引领我国生态文明建设的精神航标》等一系列塞罕坝精神主题培训课程，面向林草系统处级干部、青年干部等多个群体，阐释、宣讲塞罕坝精神，为林草干部汲取精神力量、筑牢思想根基提供了有效途径。

拓展阅读

中共国家林业和草原局党校塞罕坝分校成立

2022 年 8 月 23 日，中共国家林业和草原局党校塞罕坝分校在河北省塞罕坝机械林场成立。

塞罕坝分校的主要职责是承担中共国家林业和草原局党校进修班和其他重点班次的党性教育现场教学任务；开发和实施党员干部教育培训项目；围绕生态文明、林草特色党性教育，特别是塞罕坝精神教育，开展特色课程、教材开发，现场教学点和师资队伍建设，以及相关研究工作。

塞罕坝精神是中国共产党人精神谱系的组成部分，塞罕坝机械林场是全国绿化战线的一面旗帜。设立塞罕坝分校是国家林业和草原局党组深入贯彻落实习近平总书记重要讲话精神，用实际行动支持塞罕坝"二次创业"、绿色发展的具体体现。国家林业和草原局党校和塞罕坝机械林场将切实提高政治站位，建立长效合作机制，抓好塞罕坝分校各项工作。

（来源：《中国绿色时报》，2022 年 8 月 24 日）

二、做强校园文化主阵地

校园作为培养时代新人的重要阵地，要深入挖掘塞罕坝精神的核心内涵，充分发挥塞罕坝精神的育人功能，拓展教育路径、创新教育载体，以塞罕坝精神培育时代新人。一是在思政课程中强化塞罕坝精神，通过主题教学等方式将教学内容与塞罕坝故事、塞罕坝精神内涵融合到一起。二是在专业课程中融入塞罕坝精神，通过案例分析的方式，将塞罕坝精神内嵌于各门专业课中，在提升学生专业素养的同时坚定学生的理想信念。三是以文化活动为抓手展现塞罕坝精神，校园应抓好塞罕坝先进人物和事迹的宣讲工作，以"塞罕坝精神进校园"专题讲座等形式，广泛邀请亲身经历者走进校园、走近学生，让学生聆听英雄事迹、感悟精神力量。例如，国家林业和草原局管理干部学院开发课程《汲取塞罕坝精神伟力　谱写林科学子青春华章》，在福建农林大学、北京林业大学等多所高校开展宣讲，深化了广大林草学子对塞罕坝精神的理解和把握，拓展了塞罕坝精神的宣传弘扬路径，扩大了宣传弘扬范围。

特别关注

国家林业和草原局管理干部学院应邀在绿色学术大讲堂
"塞罕坝精神进校园"报告会作专题报告

2023 年 12 月 15 日，绿色学术大讲堂"塞罕坝精神进校园"专题报告会在福建农林大学成功举办。报告会采取现场组织与异地联播的方式，在福建农林大学、北京林业大学两个会场同步举行。

会上，国家林业和草原局管理干部学院党委书记刘春延应邀作了题为"汲取塞罕坝精神伟力　谱写林科学子青春华章"的专题报告，深刻阐述了塞罕坝精神的重大意义、主要内容和丰富内涵，强调青年学子是锻造塞罕坝精神的先锋和脊梁，并深情寄语广大林科学子，要学习弘扬塞罕坝精神，让青春在林草事业中焕发绚丽光彩。

本次报告会共有 31 所涉林本科院校、职业院校、研究生培养单位及福建农林大学会场、北京林业大学会场的师生代表 400 余人参加。报告深入浅出、内容丰富、通俗易懂，生动再现了塞罕坝三代建设者波澜壮阔的生态建设实践，深化了广大林草学子对塞罕坝精神的理解和把握。报告会也拓展了塞罕坝精神的宣传弘扬路径、扩大了宣传弘扬范围，必将激发更多有志之士投身到林草现代化建设事业中。大家纷纷表示，要坚决响应党中央和习近平总书记的号召，深入践行习近平生态文明思想，认真学习弘扬塞罕坝精神，践行初心、担当使命，不畏艰难、奋勇开拓，奋力推进生态文明建设，为推动实现人与自然和谐共生的中国式现代化作出更大贡献。

（来源：国家林业和草原局管理干部学院，2023 年 12 月 21 日）

三、唱响社会教育主旋律

塞罕坝精神不仅存在于干部培训、学校等教育系统，更根植于社会和家庭之中。营造学习弘扬塞罕坝精神的社会环境，需要多管齐下、内外发力。一是要加大塞罕坝精神先进事迹的宣传力度。抓住平凡人在林场建设发展中不平凡的事迹，推动优秀人物进企业、进单位、进社区、进学校，在全社会形成崇尚英模、学习典型的氛围。二是以社会实践为抓手深入领会塞罕坝精神。进一步发挥社会公共设施的育人功能，利用博物馆、图书馆、文化馆、科技体验馆等场所讲好塞罕坝故事，组织塞罕坝精神相关的主题实践活动，在实践中加深对塞罕坝精神的理解。三是强化塞罕坝精神的社会舆论引导。在塞罕坝精神宣传中需要正确分析、对待社会中的舆论，科学引领舆论朝着有利于"强信心、暖人心、聚民心"的方向发展，营造良好的环境氛围。

☞ 特别关注

把塞罕坝人多种一片绿的故事讲给人听
讲述人：塞罕坝展览馆讲解员　程李美

我在河北省承德市围场满族蒙古族自治县境内的塞罕坝林区长大，成长过程与树为伴。我父亲和所有塞罕坝人一样，一辈子只干一件事——种树。记忆里，小时候塞罕坝冬天的气温最低是零下43摄氏度，全年积雪超过7个月，工人住在阴冷潮湿的地窖子里，很多人都患有严重的风湿和肺气肿。在山上，吃的是黑莜面，喝的是化雪水。过年的时候，大家在地窖子口贴着这样的对联："一日三餐有味无味无所谓，爬冰卧雪冷乎冻乎不在乎。"我父亲不到50岁牙就全部掉光了，双侧股骨头坏死，不能巡山护林就去防火检查站检查。那时的我不理解，他们怎么种树种上了瘾，对艰苦的生活环境那样淡然。

2006年，我考上了大学，终于走出了大山，走出了这片单调的绿色，去追寻色彩斑斓的青春。毕业后，我留在北京，事业稳步上升。2013年，父亲被确诊胃癌。手术后，如获新生的他希望我回林场工作，眼神带着期盼，于是我一边做着思想斗争一边为回林场备考，最终成为了像他一样的林业工人。

回林场后，我从营林区炊事员做起，烧大锅、睡火炕，每天5点钟起床做早饭，也和男同志一样，上山造林、打号检尺。我师傅50多岁，脸色黝黑，我一直以为是长期造林晒黑的，直到有一天，他一手使劲地顶着腹部，一手艰难刨着树坑，我才知道他已是肝硬化晚期了。他说，塞罕坝人的命就在这山上，多种一棵树，身后就多一片绿。

在这，我看到了太多和父亲、师傅一样的人，听他们讲自己的林业故事。渐渐的，我对塞罕坝人、对塞罕坝精神有了更真切、更深刻的领悟。2015年，父亲走了。按照父亲的遗愿，我把他的骨灰撒在了他毕生工作的林子里，生前种树、死后育树，这是父亲最想做的事情，这是塞罕坝人的情怀。

在这，我看到了塞罕坝的百万亩人工林海，筑起了一道牢固的绿色屏障，为京津防风固沙；我了解到塞罕坝产出的物质产品和生态服务总价值达到231亿元，明白了三代人付出青春、热血乃至生命的绿色梦想能量很大。我终于理解了父辈的坚守，理解了父亲为我做的选择。我暗下决心，不仅要做塞罕坝精神的传承者、践行者，还要做一个传播者，把塞罕坝人的故事讲给更多人听。

在林场的大力支持和培养下，我开始以塞罕坝精神为主题参加宣讲和比赛，并获得了一些荣誉。我知道，这些荣誉其实是三代塞罕坝人的荣誉、是塞罕坝精神的光芒、是对"两山"理论的传颂、是对生态文明的礼赞。

2020年，我成为塞罕坝展览馆的一名讲解员，讲述着这样一个故事：1962年林业部发出通知，369名平均年龄不足24岁的热血青年响应号召，怀揣绿色梦想来到了荒无人烟的塞罕坝，他们几十年如一日扎根林场、艰苦创业，演绎了变荒原为林海、化荒漠为绿洲的人间奇迹。

站在新的起点，我要带着老一辈的初心，传承新的绿色使命，用心讲好塞罕坝故事、展示好塞罕坝形象、传播好塞罕坝声音、弘扬好塞罕坝精神。

程李美给孩子们宣讲护林防火

（来源：《中国文化报》，2021年9月9日）

四、谱写家庭教育主基调

塞罕坝精神的学习弘扬不仅要立足干部培训主战场、校园主阵地，还要发挥好家庭教育和社会教育的协同作用。家庭是培养个体成员民族精神的第一阵地和重要场所，家风以其饱含亲情的生活性和伦常性，独具细腻而常态的道德涵育优势，契合当代个性化发展的需求。因此，要在家风传承中自觉融入塞罕坝精神。一是要树立正确的家庭教育理念，引导家庭成员树立正确的世界观、人生观和价值观，坚持全面德育，将德育贯穿子女教育始终，引导他们学习塞罕坝精神，有爱心、讲奉献、担责任。二是培育良好的家风家教，将社会主义核心价值观，塞罕坝精神中的艰苦奋斗、无私奉献、绿色发展等理念融入家风家教之中，在日常生活中耳濡目染，传承中华优秀传统美德，使家庭为一代又一代传播精神力量。三是家庭成员要重视自身的示范引领作用，提高自身的责任担当意识，用实际行动践行塞罕坝精神。

拓展阅读

塞罕坝机械林场重要教学基地

2002 年，被中央和国家机关工委确定为"中央国家机关思想教育基地"。

2002 年，被国家林业局确定为"再造秀美山川示范教育基地"。

2003 年，被河北省保护母亲河行动领导小组确定为"河北省青少年生态环境教育基地"。

2011 年，被国家林业局确定为"管理干部学院现场教学基地"。

2012 年，被环境保护部、科技部确定为"环保科普基地"。

2017 年，被环境保护部确定为"'绿水青山就是金山银山'实践创新基地"。

2017 年，被中央宣传部确定为"全国爱国主义教育示范基地"。

2017 年，被河北省精神文明建设委员会授予"河北省社会主义核心价值观涵养基地"称号。

第二节　在挖掘精神内容上求实效

充分挖掘塞罕坝精神的学习宣传内容，以鲜活的事例感动，以惊心动魄的史实震撼，以先进的典型引导，在循迹溯源中用好塞罕坝精神这一鲜活资源。坚持以史为鉴、资源融合的原则，既要充分挖掘塞罕坝精神中蕴含的历史资源，又要遵循学习主体的认知和学习规律，利用各种教学资源，创新学习内容，形成以塞罕坝精神为主要资源的科学合理的学习内容体系。

一、用好鲜活事例，以事感人

塞罕坝精神的形成历史承载着极为丰富生动、精彩纷呈、撼人心魄的故事。塞罕坝精神学习宣传要用好历史故事、激发奋斗精神、讲好生态故事、砥砺使命担当，在教育实践中不断提高塞罕坝精神的思想政治教育功能。一是挖掘鲜活事例。着重挖掘体现塞罕坝精神的英雄故事、励志故事、担当故事、暖心故事、育人故事、青春故事，对塞罕坝人身上蕴藏的红色历史和宝贵精神财富进行"抢救式"挖掘，让重要史实、优良传统、革命精神留下来、传下去，让塞罕坝的故事历久弥新。二是凝练鲜活事例。把真理真情真实的力量寓于生动形象、言约旨深的故事之中，用精彩精练的故事说服人。三是善于用事例教育人。注重摆明事实、就事论理，注重实案分析、以事明理，用事实事例印证正确的道理，批驳错误的、澄清模糊的观点，举一反三、见微知著，靠真实立言立信，使培根固本、解疑释惑更有力度。

历史瞬间

塞罕坝的鲜活事例比比皆是

李艳秋背伤员三过河，曾学奇寒冬拉粮，茫茫荒原狼群跟机车，刘文会鞋靴冻一体，赵振宇牵牛磨难一昼夜，张启恩8分钱早餐不忘交，夏均奎雪夜请医生，孟喜芝冻掉双腿……他们是平凡的，更是伟大的，共同谱写了塞罕坝壮美史诗。

（来源：《塞罕劲风》，张树珊主编，中国言实出版社2021年版）

二、选树先进典型，以人感人

河北塞罕坝、甘肃八步沙、内蒙古库布其、新疆柯柯牙、山东原山成为生态文明建设重大典型，在全国产生广泛影响。弘扬塞罕坝精神，要充分发挥先进典型示范引领作用，推出一批弘扬塞罕坝精神的先进典型，弘扬正气、凝聚人心、鼓舞斗志，着力营造崇尚先进、学习先进、争当先进的良好氛围。一是按照实事求是、客观公正的原则选择典型。注重考察先进典型的政治品质，在造林绿化、森林经营、党建等工作中的业绩成效，以及清正廉洁的工作作风，确保先进典型过得硬、立得住、叫得响、树得牢。二是深挖细找先进典型的闪光点。深入挖掘先进事迹，做到真实、准确、生动、鲜活，力争让典型具有鲜明的先进性和时代感。三是注重加大对先进典型的管理、教育和培养。通过帮带培养，以老带新、以点带面，使先进典型落地生根。

▤ 拓展阅读

塞罕坝建设者所获得的部分个人荣誉

陈锐军——1990 年"河北省林业厅先进工作者""全国森林防火模范";

梁 谦——1991 年"全国绿化劳动模范";

戴继先——1999 年河北省林业科技进步奖一等奖、河北省科技进步奖三等奖、国家林业局科技进步三等奖,1998 年河北省林业系统"121"人才工程二层次人选,1999 年"河北省林业系统绿林杯竞赛先进个人";

刘春延——2008 年"河北省十大杰出青年""绿色中国年度人物",河北省"三三三人才工程"二层次人才;

邓宝珠——全国绿化委员会 2010 年"全国绿化奖章",2016 年"全国绿化劳动模范";

许文江——2011 年首届国有林场职业技能竞赛冠军,2014 年中华全国总工会"全国五一劳动奖章";

陈彦娴——2018 年中华全国妇女联合会"全国三八红旗手";

陈智卿——"绿色生态工匠""全国生态建设突出贡献奖先进个人""2019—2021 年度全国森林草原防火工作先进个人""河北省林业工作先进个人""河北省林业系统绿林杯竞赛先进个人";

王国斌——2019 年全国绿化委员会"全国绿化奖章";

安长明——2022 年第三届"中国生态文明奖先进个人""河北省林业工作先进个人",河北省林业和草原局三等功 3 次;

……

三、提炼历史经验，以史感人

塞罕坝精神的形成史，就是一部充满苦难和辉煌、付出和收获的奋斗史，在塞罕坝荒原变林海的历史进程中，对其进行深入挖掘和梳理，用不可辩驳的史实例证解读塞罕坝精神，用鲜活丰厚的实践成果阐释塞罕坝精神，使深刻的思想具象化、抽象的理论感知化，增强学习教育的感染力、感召力。一是科学总结塞罕坝的历史经验。总结提炼塞罕坝的典型经验，包括强烈的生态文明意识、艰苦奋斗的创业精神以及实事求是的科学精神等。二是掌握科学总结塞罕坝历史经验的方法。坚持实事求是，具体问题具体分析，正确运用唯物史观进行经验总结，做到理论和实际、理想和现实相结合。三是抓住学习塞罕坝典范的精神实质。塞罕坝有自己独特的自然生态条件和社会人文环境，不可能被简单地复制，必须要有前提、有背景地学习复制，学习因地制宜建造人工林的经验，学习宣传科学育林护林的经验。

历史瞬间

2017 年度感动中国人物事迹及颁奖词
塞罕坝林场建设者——高志局四海 万载垂清风

五十多年来，河北塞罕坝林场的建设者们听从党的召唤，在"黄沙遮天日，飞鸟无栖树"的荒漠沙地上艰苦奋斗、甘于奉献，创造了荒原变林海的人间奇迹，用实际行动诠释了绿水青山就是金山银山的理念，铸就了牢记使命、艰苦创业、绿色发展的塞罕坝精神。

《感动中国》被媒体誉为"中国人的年度精神史诗"，通过多

2017 年度感动中国十大人物颁奖典礼现场（来源：央视网，2018 年 3 月 1 日）

种投票方式选取年度具有震撼人心、令人感动的人物和团队。自 2002 年播出后，向全国观众推出了许多人物，每个人物身上都有一种让观众感到心灵震撼的精神力量。

第三节　在搭建传播载体上创亮点

随着信息技术的快速发展，社会宣传逐渐成为影响社会发展的重要力量。塞罕坝精神的宣传弘扬要借助传统与新兴两类载体，注重宣传载体的多样化，整合各类新旧媒体平台信息，增强主动性与能动性，提升舆论报道的感染力与引导力，深化典型宣传、强化舆论引导，提高塞罕坝精神宣传的广度和深度。

一、强底气，加大传统媒体宣传广度

传统媒体具有较高的公信力和引导力，在塞罕坝精神弘扬中承担着意识形态宣传、舆论引领及增强文化软实力等重大职责。塞罕坝精神宣传弘扬应以传统主流媒体为载体，加大宣传广度，增强价值传播的底气。一是以形式多样的活动为载体。开辟塞罕坝精神主题宣传专栏，组织多方位、多渠道宣传活动，通过文字、图片和视频等形式，直观鲜明讲述 60 余年来塞罕坝机械林场的建设成就，展示塞罕坝精神深入人心的宣传成效。二是以报纸杂志、文字资料为载体。在主流报纸、杂志发表塞罕坝精神相关调研文章、新闻稿件、通讯稿件，传播塞罕坝资讯、宣传生态建设成果。三是以影视作品为载体。创作诸如电视剧《最美的青春》、话剧《塞罕长歌》等思想深刻、内涵丰富的文艺作品，将塞罕坝故事搬上荧幕，通过多产出此类影视产品，更能加深人们对林场建设的亲历感，增强对塞罕坝精神的认同。

特别关注

塞罕坝精神相关主题视频节目在中央电视台等重点平台多次播出

《走遍中国》：塞罕坝·青春、塞罕坝·守望

《走遍中国》是在 CCTV-4 中文国际频道开设的一档大型专题报道栏目。它以人文视角聚焦中国最新变化，关注普通中国人身边的新现象、新风尚、新事物，反映当代中国人的生活状态、思想观念和精神追求，解析当代中国的新变化，帮助海内外观众深入了解当代中国。分别于 2023 年 11 月 27 日、28 日播出《塞罕坝·青春》《塞罕坝·守望》。

《美丽中国自然》：河北围场系列·家在塞罕坝

《美丽中国自然》系列节目采用高分辨率、宽色域、高动态范围、环绕声的 4K 摄制和播出标准，身临其境地展现我国近年在动植物和自然环境保护等方面取得的成就，诠释了人与自然是共生共荣的生命共同体的主题。于 2023 年 1 月 3 日播出《河北围场系列·家在塞罕坝》。

《国家记忆》：根脉·塞罕坝精神（上、下）

中央电视台重点创新节目《国家记忆》，以"为国家留史，为民族留记，为人物立传"为宗旨，展现党史、国史、军史中的重大历史事件、各领域重大工程建设、揭秘重大决策背后的故事、讲述各阶层各时代代表性人物，记录讲述党的奋斗史、创业史、中国特色社会主义探索史、改革开放进程史。分别于 2022 年 12 月 8 日、2023 年 1 月 17 日播出《根脉·塞罕坝精神（上）》《根脉·塞罕坝精神（下）》。

《百家讲坛》：塞罕坝精神"绿色长城"——塞罕坝

《百家讲坛》栏目一贯坚持"让专家、学者为百姓服务"的栏目宗旨，栏目在专家、学者和百姓之间架起"一座让专家通向老百姓的桥梁"，从而达到普及优秀中国传统文化的目的。于 2021 年 7 月 8 日播放《中国精神 14：塞罕坝精神"绿色长城"——塞罕坝》。

（来源：央视网）

二、接地气，扩展新兴媒体宣传深度

互联网新媒体平台极大地改变了大众获取信息的方式。要充分运用新媒体平台弘扬塞罕坝精神，扩展宣传深度，广泛而接地气地融入老百姓的日常生活。一是创新运用新技术。运用信息化、数字化、网络化技术，整合资源着手打造宣传塞罕坝精神的 B 站、抖音、快手、今日头条、"学习强国"等各种网络平台，发布塞罕坝生态文明建设过程中的典型人物、感人事迹、生动故事，以满足不同层次、不同年龄、不同行业群体对于网络阅读的差异性需求。二是充分利用"三微一端"。发挥微博、微信、微视频、新闻客户端相对于传统媒体"一对多"的单向信息输出方式，创作简短精练的内容，满足受众使用移动设备进行"浅阅读"与"轻阅读"的便捷需求。三是充分发挥融媒体矩阵优势。在传统媒体内容优势的基础上，依托大数据与云技术，开展真人访谈、直播等活动，更好地将各层面的理念融入，通过构建传播新格局实现塞罕坝精神的多媒体展示与多媒介推送。

▤▾ 特别关注

反映塞罕坝精神的优秀电视剧——《最美的青春》

《最美的青春》首播于 2018 年 8 月，讲述了 20 世纪 60 年代，以冯程、覃雪梅为代表的 18 个来自全国各地的毕业生，与承德围场林业干部等组成拓荒队伍，积极响应祖国号召植树造林的故事。剧情充实丰满，不仅弘扬"牢记使命、艰苦创业、绿色发展"的塞罕坝精神，还通过再现塞罕坝造林人的伟大创举，让观众重温 20 世纪 60 年代第一代造林人"最美的青春"；通过这一人类改造自然的伟大创举，致敬塞罕坝人艰苦奋斗的绿色拼搏发展史；通过这一伟大创举，为正在走向生态文明新时代的祖国提供一个生动的范例。

该剧不仅在播出期间被《人民日报》《光明日报》两大党媒整版报道点赞，它的观赏价值和艺术价值更获得了业内专家的大力肯定。中国电视艺术委员会评论员陈超英评价道："《最美的青春》是建设时期的青春之歌，是奋斗者的一曲凯歌。它塑造的人物在价值追求方面带有明显的时代烙印，而在当下，我们很需要这种奉献精神。"该剧 2019 年 8 月荣获了中央宣传部第十五届精神文明建设"五个一工程"优秀作品奖。

反映塞罕坝精神的优秀话剧——《塞罕长歌》

《塞罕长歌》是河北演艺集团倾力打造、河北省承德话剧团创作演出的大型史诗话剧。讲述了塞罕坝机械林场三代人半个多世纪以来，在高寒荒漠地区创造了世界上最大的人工林海的人间奇迹，走出了一条生态优先、绿色发展的新路径，用实际行动诠释了"绿水青山就是金山银山"的深刻内涵，铸就了"牢记使命、艰苦创业、绿色发展"的塞罕坝精神。

为将该剧打造成一部真实表现塞罕坝发展历程、弘扬塞罕坝精神的精品力作，把一个个生动、鲜活、有个性色彩、有血有肉的形象和他们的生命过程表现出来，从 2017 年开始，著名编剧孙德民带领创作组十数次到塞罕坝体验生活，最终数易其稿而成。

该剧 2019 年 8 月荣获中央宣传部第十五届精神文明建设"五个一工程"优秀作品奖，2021 年 10 月入选文化和旅游部"庆祝中国共产党成立 100 周年舞台艺术精品创作工程"重点扶持作品，被评为国家艺术基金 2019 年度大型舞台剧和作品创作资助项目。

第四节　在深化理论研究上下功夫

对塞罕坝精神的弘扬离不开学术研究的创新，塞罕坝精神要想更接地气、更具生机和活力，必须进行全面、科学研究、分析和阐释。依托塞罕坝精神研究院、国家林业和草原局管理干部学院等，组建研究团队，深入挖掘史料，扎实开展塞罕坝精神研究，不断提升塞罕坝精神的美誉度和社会影响力。

一、聚焦理论研究科学性

塞罕坝精神内容涵盖党的建设、生态建设、林场建设等方方面面，是一个逻辑严密、内涵丰富、博大精深的理论成果。塞罕坝精神研究要聚焦科学性，深入挖掘塞罕坝精神各个维度的具体内涵，为全面学习领会这一重要精神的精髓要义、实践要求做好基础研究。一是紧紧围绕习近平总书记关于塞罕坝精神重要论述进行阐释。只有紧紧围绕习近平总书记关于塞罕坝精神的重要论述，才能准确、有效阐释，使塞罕坝精神的内蕴与实质真正彰显。二是要多角度阐释塞罕坝精神的丰富内涵。讲清楚什么是塞罕坝精神，讲清楚塞罕坝精神对于新时代生态文明建设的重要意义和对于中国式现代化的重要作用，讲清楚如何践行塞罕坝精神。三是站在宣传弘扬的角度阐释塞罕坝精神。将高深的理论转化为人民群众容易理解的通俗道理，将严肃的理论内容以生动活泼的方式呈现出来，让人民群众听得懂、听得进，真正理解塞罕坝精神的深刻内涵。

二、突出理论研究系统性

塞罕坝精神根植于生态文明建设的伟大实践，根植于中华优秀传统文化的思想沃土，根植于中华民族伟大奋斗精神和伟大建党精神的红色血脉。塞罕坝精神理论研究要深入分析塞罕坝精神产生的理论和实践基础，系统研究塞罕坝精神的理论渊源、形成条件，丰富马克思主义的原创性成果。一是要阐述塞罕坝精神从何而来，因何而来。明确塞罕坝精神不仅传承了中华优秀传统文化，还赓续了中华民族的精神品格，更是继承了广大人民群众为国家富强、民族振兴而不懈奋斗的精神风貌。二是要厘清塞罕坝精神与中国共产党人精神谱系间的关系。明确两者的区别和联系，丰富中国共产党人精神谱系的深刻内涵，并在新时代赓续传承，使塞罕坝精神经过创造性转化和创新性发展，焕发出持久的精神魅力与文化光辉。

拓展阅读

塞罕坝精神相关研究不断深入

在中国知网按照篇名检索"塞罕坝精神"，截至 2023 年 12 月，检索出学术期刊、学位论文、会议、报纸文献共计 335 条。发表数量在 2017 年后大幅增加，主要集中在思想政治教育、林业、农业经济、环境科学与资源利用等学科领域。

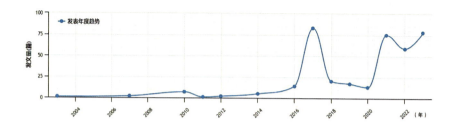

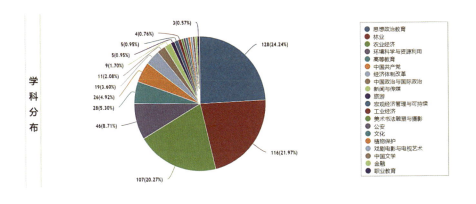

三、拓展理论研究外延性

　　塞罕坝精神与中国共产党人精神谱系中其他精神、与生态文明建设过程中涌现出来的其他精神典型相比，既有共性也有其个性，要开展塞罕坝精神与其他精神文化对比研究，注重拓展理论研究外延性。一是对比研究塞罕坝精神与中国共产党人其他精神。通过对比同一历史时期形成的精神、同一领域树立的精神，深挖共性与特色，进一步归纳提炼塞罕坝精神是如何体现中国共产党人精神品格的不同方面、不同领域，在对比中体现特色和唯一性。二是对比研究塞罕坝精神与林草行业其他精神。塞罕坝精神与正在探索总结的右玉精神、八步沙精神、"三北"精神等是党推动生态文明历史进程的精神原动力，要深刻分析其内在联系和外在表现，充分发挥各自在推进事业发展中的不同作用，接力传承人与自然和谐共生的林草精神，为推动新征程生态文明事业高质量发展增添强大动力。

第五节　在加强国际传播上善作为

塞罕坝精神系统体现了中国生态文明道路的科学性、实践性和人民性，彰显了中国共产党的思想、政治、精神和道德优势。越来越多像塞罕坝一样的成功案例进入世界视野："三北"防护林工程被联合国环境规划署确立为全球沙漠"生态经济示范区"，浙江省"千村示范、万村整治"工程被联合国环境规划署授予"地球卫士奖"中的"激励与行动奖"，中国林业科学研究院首席科学家卢琦荣获 2024 年联合国环境规划署"地球卫士奖"中的"科学与创新奖"等。中国是全球环境议程的重要引领者，推动实现更加强劲、绿色、健康的全球发展。新征程上，要不断强化塞罕坝精神的国际传播，下大气力加强国际传播能力建设，以大国担当为突破点，为我国改革发展稳定营造有利的外部舆论环境，为推动构建人类命运共同体作出积极贡献。

一、讲好中国故事

习近平总书记在主持十九届中央政治局第三十次集体学习时强调："讲好中国故事，传播好中国声音，展示真实、立体、全面的中国，是加强我国国际传播能力建设的重要任务。"[①] 塞罕坝的故事通俗而生动、精彩而真切，贴近受众、打动人心，在国际上讲好塞罕坝故事，是促进塞罕坝精神国际传播最直接、最有效的方法。一是中国故事讲什么。要把握时代脉搏、关注发展大势，从塞罕坝故事出发，聚焦绿色发展和人与自然和谐共生的伟大目标，讲好塞罕坝三代人的故事，讲好中国特色

---

① 《习近平谈治国理政》第四卷，外文出版社 2022 年版，第 316 页。

社会主义生态文明的故事，讲好中国绿色发展实践的故事，讲好中华优秀传统文化的故事，把中国人民蓬勃向上的风貌展示好，把中国共产党生态文明建设的历史展示好，把当代中国发展进步的主流展示好。二是中国故事怎么讲。要真实、生动、鲜活地讲，坚持实事求是、不断改进创新、努力出新出彩，坚持事实、形象、情感与道理的有机统一，做到见人、见事、见思想、见精神；将"耳听"与"眼见"结合起来，通过参访调研、发起论坛、组织研习、援外培训等丰富多彩的活动形式，带领外国友人、记者和国际学生深入塞罕坝机械林场等林草生态建设一线战场实地考察，向发展中国家讲好塞罕坝先进经验，帮助他们深入直观地了解中国各项事业尤其是生态文明事业的发展。

▤📖 特别关注

志合者，不以山海为远

——"一带一路"国家山区综合开发利用与保护官员研修班侧记

2023 年 11 月 29 日，"一带一路"国家山区综合开发利用与保护官员研修班的学员们结束了在中国的学习考察。巴基斯坦、埃塞俄比亚、纳米比亚、保加利亚、塞拉利昂、马来西亚、黑山、斯里兰卡等国家的政府官员和专家们共同表示，"收获满满，不虚此行"。

近年来，中国与"一带一路"沿线各国共建绿色丝绸之路，不断朝着实现生态保护和经济发展协调统一的目标迈进。在共建"一带一路"倡议提出十周年之际，举办此次研修班的目的是：为各国提供可借鉴的中国模式、中国经验，搭建"一带一路"国家增进了解、加强交流合作的平台，助力全球生态治理山区综合可持续利用开发。

21 天的研修时间，从北到南，课程丰富、行程紧凑。学员们就中国森林资源管理制度、全球化山区保护、山地水土保持、农林复合综合利用、生态产品价值实现、天然林保护及退耕还林保护工程等主题进行了交流与学习。全体学员赴中国美丽壮乡广西参加了第一届世界林木业大会，实地考察了森林康养、国有林储备、林下经济等方面的情况，亲身感受当地科学开展生态建设、特色种植等绿色产业脱贫致富的典型案例。

塞拉利昂土地住房和乡村规划部行政司长莫伊尼那在闭幕式上真情流露，"我毫不掩饰地认为，这次研修班是非常成功的，中国之行在我们的内心深处留下了积极的、不可磨灭的美好回忆。我们已经在中国国家林业和草原局管理干部学院建立了一个'新家庭'，我祈祷这份友情继续。"

"一带一路"沿线国家地理地貌复杂，山区众多，拥有丰富的森林资源，经济潜力巨大。山区综合开发利用是"一带一路"国家摆脱经济贫困的重要手段，合理科学的开发利用可以促进农民增收、保护生态环境。

各国学员丰富了知识、凝聚了共识。大家在学习考察中了解到，当前，中国深入践行习近平主席提出的"两山"理念，在秉承尊重自然、顺应自然、保护自然的基础上，大力发展绿色生态产业，有效打通了绿水青山向金山银山转化的通道。就在不久前出台的《深化集体林权制度改革方案》，就是指导山区林区如何在保护森林资源的前提下，适度发展林下经济、生态旅游、森林康养、自然教育等产业，实现绿色可持续发展。

引领中国林草事业发展的根本动力，是坚持以人民为中心的发展思想，在大力推动生态文明建设的同时，更是助力全球可持续发展。这让各国官员感到钦佩并高度认同。他们真切感受到，中国正与所有发展中国家一道，不断加强森林资源开发利用和保护，积极推动绿色低碳转型，为建设清洁美丽的新世界、建设人与自然和谐共生的命运共同体贡献中国方案和中国力量。

与各国学员告别之际，国家林业和草原局管理干部学院党委书记刘春延动情地说："不以山海为远，心连千里共好。短暂的研修之旅结束，但我们的友谊之树常青。希望大家回国后，把在中国的所见所闻分享给你们的同事、家人和朋友，成为中国与贵国沟通交流的桥梁、友好往来的使者，期待下一次相聚。"

（来源：《中国绿色时报》，2023 年 12 月 5 日）

二、传播中国理念

塞罕坝不仅为中国生态治理积累了宝贵经验，也为全球生态治理贡献了优质、可借鉴、可复制的中国经验、中国方案，是全球生态治理的成功典范。传播中国理念是诠释中国道路和中国奇迹的有效途径。大力弘扬塞罕坝精神，要积极传播中国理念，彰显中国思想的世界贡献，向世界描绘人类生态命运共同体的美好愿景。一是要牢牢把握传播中国理念的正确方向。最根本的是紧紧抓住习近平新时代中国特色社会主义思想所彰显的真理力量和实践伟力，把这一重要思想所蕴含的中华优秀传统文化的独特魅力诠释清楚，把这一重要思想所阐明的中国与世界和平、发展、合作、共赢的时代潮流诠释清楚。二是打造易于为国际社会所理解和接受的新概念、新范畴、新表述。习近平总书记强调，要"善于提炼标识性概念，打造易于为国际社会所理解和接受的新概念、新范畴、新表述，引导国际学术界展开研究和讨论"。① 打造和创新像"中

---

① 《习近平著作选读》第一卷，人民出版社 2023 年版，第 486 页。

国梦"与"一带一路"等具有代表性的一批新鲜话语,将宏伟的政治愿景表述得让人民群众接受、让国际社会认同,由"宏大叙事"转向"接地气";借鉴和改造一批外来话语,在进行辩证分析后对外来话语进行大胆革新即"再创作",像"供给侧结构性改革"这一话语的提出;完善和更新一批既有话语,用更加符合人类社会发展规律、社会主义建设规律、共产党执政规律的新话语来丰富、完善和发展承担过历史使命的旧有话语。

三、发出中国声音

加强塞罕坝精神的国际传播,必须构建具有鲜明中国特色的战略传播体系,积极发出中国声音,着力提高国际传播影响力、中华文化感召力、中国形象亲和力、中国话语说服力、国际舆论引导力。一是统筹好内宣外宣工作,充分发挥外宣媒体重要作用。进一步优化战略布局,集中优势资源,努力构建对外传播的重要落地平台,着力打造具有较强国际影响的外宣旗舰媒体。二是积极拓展形式多样的平台和渠道,既要坚持用好已有渠道,又要推出新的平台,设计新的载体;既要以我为主,又要善借外力,打通更多途径。三是用好重大活动和重要节展赛事平台,即抓住组织重大纪念活动、重要国际会议、重要国际论坛等有利时机,利用国际重大赛事、艺术节、国际影视展等相关活动,深化议题设置,开展人文交流。四是用好海外文化阵地,即发挥我国海外文化传播机构的重要作用,推进海外中国文化中心建设,发挥华侨华人、留学生、华人社团、华文媒体、驻外新闻出版影视机构作用。

📃 权威声音

构建战略传播体系,有效传播中国声音(崔明伍,安徽大学新闻传播学院副院长）：我们党历来高度重视对外传播工作。在对外传播过程中，我们应始终秉持全球观念，与时俱进地创新对外传播的话语表达方式与载体，用好重要国际会议论坛、外国主流媒体等平台和渠道，依托我国发展的生动实践，立足五千多年中华文明，不卑不亢宣介中国主张、中国智慧、中国方案，实事求是展示丰富多彩、生动立体的中国形象，开放自信且谦逊谦和地塑造可信、可爱、可敬的中国形象。

（来源：光明网—理论频道，2021 年 6 月 11 日）

第 六 章

深耕于行，在建设生态文明中践行塞罕坝精神

党的十八大以来，以习近平同志为核心的党中央把生态文明建设作为关系中华民族永续发展的根本大计，从思想、法律、体制、组织、作风上全面发力，开展了一系列根本性、开创性、长远性的工作，我国生态文明建设和生态环境保护发生历史性、转折性、全局性变化，人与自然和谐共生的美丽中国正在从蓝图变为现实，中国式现代化厚植起绿色底色。习近平总书记在 2023 年全国生态环境保护大会上的讲话中指出，我国经济社会发展已进入加快绿色化、低碳化的高质量发展阶段，生态文明建设仍处于压力叠加、负重前行的关键期，强调要继续推进生态文明建设。大力弘扬塞罕坝精神，推动塞罕坝精神在建设生态文明伟大事业中生动践行，必须以习近平生态文明思想为指导，坚决贯彻"绿水青山就是金山银山"理念，坚持山水林田湖草沙一体化保护和系统治理，充分激发治理改革效能，有效发挥科技创新、高素质干部队伍、全民行动体系等保障作用，以高质量党建引领高质量发展，形成推进生态文明建设的强大合力。

拓展阅读

习近平总书记在许多场合多次强调
要弘扬塞罕坝精神，把绿色经济和生态文明发展好

2017 年，习近平总书记对塞罕坝林场感人事迹作出重要指示批示，提出"牢记使命、艰苦创业、绿色发展"的塞罕坝精神。

2021 年 8 月 23 日，习近平总书记亲临塞罕坝林场视察，强调塞罕坝精神是中国共产党人精神谱系的组成部分，全党全国人民要发扬这种精神，把绿色经济发展好，把生态文明建设好。

2022年新年贺词中，习近平主席饱含深情地说，塞罕坝林场的"绿色地图"昭示着人不负青山，青山定不负人。

2022年3月30日，习近平总书记在参加首都义务植树活动时再次强调，要弘扬塞罕坝精神，抓好国土绿化和生态文明建设各项工作。

2023年6月6日，在巴彦淖尔市召开的加强荒漠化综合防治和推进"三北"等重点生态工程建设座谈会上，习近平总书记深情讲起他见过的那些治沙人：宁夏"治沙英雄"王有德，甘肃八步沙林场"六老汉"，塞罕坝林场望海楼的护林员夫妇……

📋 特别关注

全国生态环境保护大会召开

全国生态环境保护大会2023年7月17日至18日在北京召开。中共中央总书记、国家主席、中央军委主席习近平出席会议并发表重要讲话强调，今后5年是美丽中国建设的重要时期，要深入贯彻习近平新时代中国特色社会主义生态文明思想，坚持以人民为中心，牢固树立和践行绿水青山就是金山银山的理念，把建设美丽中国摆在强国建设、民族复兴的突出位置，推动城乡人居环境明显改善、美丽中国建设取得显著成效，以高品质生态环境支撑高质量发展，加快推进人与自然和谐共生的现代化。

（来源：新华社，2023年7月18日）

第一节 贯彻绿水青山就是金山银山理念

塞罕坝机械林场绿化荒山、治沙止漠，筑牢绿色生态屏障，发展绿色经济，增进民生福祉，是绿水青山转化为金山银山的典型范例。弘扬塞罕坝精神，要坚决贯彻绿水青山就是金山银山理念，在加强生态本底保护、拓宽生态资源发展空间、持续增进最普惠的生态福祉上持续发力，深入推动塞罕坝精神中守护生态、绿色发展的价值理念落地，为生态文明建设提供不竭动力。

一、加强生态本底保护

《新时代的中国绿色发展》白皮书指出，党的十八大以来，我国加大生态系统保护修复力度，有效扩大生态环境容量，推动自然财富、生态财富快速积累，绿色空间格局基本形成。促进自然生态系统质量的整体改善和生态产品供给能力的全面增强，是加强生态本底、推进生态产业化的重要基础。新时代新征程，要深入学习贯彻习近平生态文明思想，不断推动践行塞罕坝精神，坚持尊重自然、顺应自然、保护自然，站在人与自然和谐共生的高度谋划发展，以高品质生态环境支撑高质量发展。一是要持之以恒打好污染防治攻坚战，持续深入打好蓝天、碧水、净土保卫战，持续改善生态环境质量；二是要科学布局和组织实施重要生态系统保护和修复重大工程，按照生态系统的整体性、系统性及其内在规律，统筹考虑自然生态各要素，进行整体保护、系统修复和综合治理；三是要始终坚持把绿色低碳发展作为解决生态环境问题的治本之策，立足我国能源资源禀赋，坚持先立后破，积极稳妥推进碳达峰碳中和，提升生态系统碳汇能力。

▤▥ 权威声音

"碳达峰"与"碳中和"——绿色发展的必由之路

刘中民（中国工程院院士、中国科学院大连化学物理研究所所长）："双碳"目标的实现是一个循序渐进的过程，也是一项涉及全社会的系统性工程。积极推动技术创新，充分调动科技、产业、金融等要素，通过全社会的齐心协力，我们一定能够推动能源变革、实现"双碳"目标，将绿色发展之路走得更远更好。

二、拓宽生态资源发展空间

"草木植成，国之富也"。塞罕坝机械林场的经验有力证明，森林是支撑经济社会发展的重要自然资源，良好的生态是最宝贵的资源和财富。《习近平生态文明思想学习纲要》指出，良好生态蕴含着无穷的经济价值，能够源源不断创造综合效益，实现经济社会可持续发展。我国林草产业年总产值突破 9 万亿元，林下经济产值突破 1 万亿元，森林食品成为我国第三大农产品。促进绿水青山更好地转化为金山银山，就是要学习塞罕坝机械林场，在保护生态系统的基础上，对绿水青山进行产业化开发和经营，拓宽生态资源发展空间，大力发展林业产业，培育绿色惠民新动能。一是精准定位发展方向，要紧密结合党中央、国务院、自然资源部、国家林业和草原局以及各省委、省政府的各项决策部署，紧抓全面推进乡村振兴、构建多元化食物供给体系等战略新机遇，进一步依托林长制与地方各级政府主动融入、全面对接，大范围开辟林草产业发展新高地；二是完善产业发展支持政策，积极推进现代林业产业示范区创建工作，建立健全国家林业重点龙头企业、国家林下经济示范基地认定管理制度，大力探索实施生态保护修复领域市场化改革，撬动社会资本参与林区林草产业发展；三是突出生态产业特色，各地要深入分析研判自身优势，大力发展木本粮油、森林草原旅游、森林康养、林下经济、特色经济林和灌木经济林等绿色产业，减少林草资源直接消耗，突出特色产品服务市场竞争力；四是提升生态产品质量，重点围绕产品精深加工、服务沉浸式体验等环节，整合利用龙头企业、高等院校、科研机构等资源，加强对林草产品的深度研发，开发更多高附加值的产品与服务；五是提升产品营销水平，依托"互联网＋新媒体"、主流传统媒介、大型商超商圈等线上线下平台，开展宣传活动提升知名度，多链接拓展产品服务销售渠道，让更多的人民群众享受到生态产业带来的福利。

知识链接

"十四五"时期林草产业发展主要指标

序号	指标	2020 年	2025 年
1	林草产业总产值（万亿元）	8.1	9
2	林草产品进出口贸易额（亿美元）	1528	1950
3	经济林种植面积（亿亩）	6.2	6.5
4	茶油年产量（万吨）	72	200
5	竹产业总产值（亿元）	3000	7000
6	国家林业重点龙头企业（个）	511	800
7	国家林下经济示范基地（个）	550	800
8	林特类中国特色农产品优势区（个）	27	40
9	生态旅游年接待游客（亿人次）	——	25
10	国家森林步道里程（公里）	25000	35000

来源：《林草产业发展规划（2021—2025 年）》，国家林业和草原局 2022 年 1 月 28 日印发。

三、持续增进最普惠的生态福祉

良好生态环境是最公平的公共产品，是最普惠的民生福祉。正如塞罕坝机械林场所印证的，增进生态环境民生福祉，对于促进生态环境质量与民生福祉同向共进，推动人与自然和谐共生意义重大。弘扬塞罕坝精神必须坚持生态惠民、生态利民、生态为民，努力做大做强生态系统"五库"功能，充分发挥林草多功能多效益，为人民群众美好生活提供更多优质生态产品，打造更加优美舒适的幸福家园。一是以"美而富"的美丽经济造福于民，深入实施可持续发展战略，完善生态文明领域统筹协调机制，坚持节约优先、保护优先、自然恢复为主，推动环境技术不断进步、产业结构不断优化、资源效率与环境效率不断改善、生态环境质量不断提升，实现绿色转型和绿色发展；二是以"美而文"的美丽文化造福于民，牢固树立社会主义生态文明观，鼓励绿色生产和消费，推动形成健康文明生产生活方式，促进生态文化在全社会发扬光大，通过以文化人和以文育人全面提高人的文明素养；三是以"美而舒"的美丽生活造福于民，像保护眼睛一样保护生态环境，像对待生命一样对待生态环境，推动城乡人居环境明显改善，提高人与自然和谐共生的质量。

知识链接

中华人民共和国国务院新闻办公室，《新时代的中国绿色发展》白皮书，2023 年 1 月发布。

中共中央宣传部、中华人民共和国生态环境部，《习近平生态文明思想学习纲要》，2022 年 7 月出版。

第二节　坚持山水林田湖草沙一体化保护和系统治理

塞罕坝机械林场积极践行"山水林田湖草沙是一个生命共同体"重要理念，培育森林资源，提升生态景观，保护草原湿地，治理沙化土地，加强伊逊河、阴河、大唤起河、燕格柏河等重点小流域综合治理，全力筑牢生态安全屏障。塞罕坝林场建设取得的伟大成就有力印证了山水林田湖草沙一体化保护和系统治理已经从认识走向实践、从理念转化为行动，成为新时代新征程生态保护修复的基本主线。

📖 知识链接

"山水林田湖草沙生命共同体"的提出

习近平总书记在 2013 年 11 月召开的党的十八届三中全会上首次提出，山水林田湖是一个生命共同体，人的命脉在田，田的命脉在水，水的命脉在山，山的命脉在土，土的命脉在树。这标志着我国全面拉开新时代生态保护修复体制改革序幕，致力于健全国家自然资源资产管理体制和完善自然资源监管体制，强调用途管制和生态修复必须遵循自然规律，对山水林田湖进行统一保护、统一修复。

2017 年后，"草"纳入这个体系；2021 年全国两会期间，在参加内蒙古代表团审议时，习近平总书记指出，"统筹山水林田湖草沙系统治理，这里要加一个'沙'字。山水林田湖生命共同体的生态要素增加"草"和"沙"，反映出对自然生命共同体构成的理论新认知，生态文明建设的系统观念得到进一步深化和拓展。

《"十四五"林业草原保护发展规划纲要》印发
林草系统将坚持贯彻山水林田湖草沙系统治理理念

2021 年 8 月，国家林业和草原局、国家发展和改革委员会联合印发《"十四五"林业草原保护发展规划纲要》。"十四五"期间，林草系统将坚持贯彻山水林田湖草沙系统治理理念，坚持宜林则林、宜灌则灌、宜草则草、宜荒则荒，推动实施区域性系统治理项目。

2021 年 8 月 20 日，国务院新闻办公室在北京举行新闻发布会，国家林业和草原局相关负责人介绍"十四五"林业草原保护发展规划有关情况，并答记者问。

一、健全一体化统筹体系

做好山水林田湖草沙一体化保护和系统治理工作，必须深入践行塞罕坝精神，深刻认识和把握生态文明建设规律，突出人与自然和谐共生的价值追求，从更好保护生态系统完整性出发，立足各生态系统自身条件，增强各项举措的关联性和耦合性，更好统筹山水林田湖草沙系统治理。一是强化顶层设计。完善山水林田湖草沙生态保护修复法治保障，推动生态领域立法由注重保护管理单一自然资源向注重保护管理整个自然生态系统转变；研究建立与一体化保护和系统治理相适应的政府绩效考核评价制度，明确提出山水林田湖草沙系统治理的总体目标以及分类型、分区域等结构性目标。二是完善统筹协调机制。建立多部门、多层次跨区域协调机制，统筹各类规划、资金、项目，强化部门协同和信息共享，做到目标统一、分工协作；健全地区间统筹协调机制，打破常规的行政区划，健全地区间全要素统筹协调机制；进一步处理好政府与市场、政府与社会的关系，厘清政府、企业、社会、居民在自然资源领域的责任边界。三是建立协同增效机制。探索建立定期评估和退出机制，适当增加资源利用、社区参与、生态文化、绿色生活等方面指标；研究建立项目短期评价与生态长期评价衔接机制，创建河湖、林草、农田"三长"联动监管体制，落实责任主体。

权威声音

坚持山水林田湖草沙一体化保护和系统治理

习近平总书记在党的二十大报告中指出，我们要推进美丽中国建设，坚持山水林田湖草沙一体化保护和系统治理，统筹产业结构调整、污染治理、生态保护、应对气候变化，协同推进降碳、减污、扩绿、增长，推进生态优先、节约集约、绿色低碳发展。

统筹山水林田湖草沙系统治理，深刻揭示了生态系统的整体性、系统性及其内在发展规律，为全方位、全地域、全过程加强生态环境保护提供了方法论指导。

党的十八大以来，我国从系统工程和全局角度寻求新的生态环境治理之道，更加注重综合治理、系统治理、源头治理，坚持山水林田湖草沙一体化保护和系统治理，稳步推进生态保护修复工程试点，实施生物多样性保护重大工程和濒危物种拯救工程，划定35个生物多样性保护优先区域。这十年，生态系统的质量和稳定性显著提升，山水林田湖草沙生命共同体生机勃发。

（来源：《人民日报》，2022年10月22日）

二、开展大规模国土绿化

习近平总书记指出，要坚定不移贯彻新发展理念，坚定不移走生态优先、绿色发展之路，统筹推进山水林田湖草沙一体化保护和系统治理，科学开展国土绿化，提升林草资源总量和质量。[①] 塞罕坝机械林场在推动国土绿化中充分发挥专业化、组织化、规模化、集约化的重要优势，是全国国有林场绿色发展的缩影。林草系统要实行精准治理精细管理，学习塞罕坝经验，不断推进科学绿化迈出重要步伐。一是加强重点区域绿化，持续加强黄河、长江、"三北"等地区林草植被恢复，继续推进天然林保护、"三北"防护林、退耕还林还草、农田防护林建设等重点工程。二是提升科学绿化水平，以水而定、量水而行，乔灌草结合，封飞造并举，全面推行落地上图，科学恢复林草植被。三是开展全民义务植树，坚持全民动手全社会参与，建立各级各类义务植树基地，推进义务植树线上线下融合发展，丰富义务植树尽责形式。四是有序推进城乡绿化，科学开展森林城市建设，因地制宜推进城乡绿化。国家森林城市创建 20 年来，累计授予 219 个，为推进国土绿化、增进人民生态福祉、传播生态文明理念发挥了积极作用。

📑 特别关注

担任党的总书记以来，连续 12 年参加首都义务植树活动，
总书记殷切寄语

2024 年 4 月 3 日上午，习近平总书记来到北京市通州区潞城镇，参加首都义务植树活动。每年首都义务植树日前后，党和国家

---

① 《全社会都做生态文明建设的实践者推动者　让祖国天更蓝山更绿水更清生态环境更美好》，《人民日报》2022 年 3 月 31 日。

领导人率先垂范、身体力行，同首都群众一起植树。习近平总书记对这件事看得很重。2024 年是他担任党的总书记以来第 12 次参加植树活动，算上到中央工作以来参加的次数，已达 17 次。

植树期间，习近平总书记同在场的干部群众亲切交谈。他指出，全国人民坚持植树造林，荒山披锦绣，沙漠变绿洲，成就举世瞩目。同时要看到，我国缺林少绿问题仍然突出，森林"宝库"作用发挥还不够充分。增绿就是增优势，植树就是植未来。要一茬接着一茬种，一代接着一代干，不断增厚我们的"绿色家底"。

习近平总书记强调，绿化祖国要扩绿、兴绿、护绿并举。扩绿，就是要科学推进大规模国土绿化，适地适树、适时适法，种一棵活一棵、造一片成一片。兴绿，就是要注重质量效益，拓展绿水青山转化为金山银山的路径，推动森林"水库、钱库、粮库、碳库"更好联动，实现生态效益、经济效益、社会效益相统一。护绿，就是要加强林草资源保护，做好防灭火工作，深入开展重大隐患排查整治，守护好来之不易的绿化成果。三北地区是国土绿化的主战场，要把更多力量集中到"三北"工程建设上来，筑牢北疆绿色长城。

党的十八大以来，每年春天，习近平总书记都会身体力行，拿起铁锹和群众一起参加义务植树活动。从率先垂范到强调加强生态保护，习近平总书记始终关心国土绿化事业，引领推进生态文明建设。

"不可想象，没有森林，地球和人类会是什么样子"

2013 年 4 月 2 日，在北京市丰台区永定河畔植树点，习近平总书记参加首都义务植树活动时强调森林的重要性："森林是陆地生态系统的主体和重要资源，是人类生存发展的重要生态保障。不可想象，没有森林，地球和人类会是什么样子。"

"真正做到为人民种树，为群众造福"

2020 年 4 月，习近平总书记在参加首都义务植树活动时强调，要坚持以人民为中心的发展思想，持之以恒开展国土绿化，因地制宜，科学规划，不刻意追求奇花异草、名贵树木，真正做到为人民种树，为群众造福。

"森林是水库、钱库、粮库、碳库"

2022 年 3 月 30 日，习近平总书记在参加首都义务植树活动时强调，森林是水库、钱库、粮库，现在应该再加上一个"碳库"。森林和草原对国家生态安全具有基础性、战略性作用，林草兴则生态兴。

（来源：新华网，2024 年 4 月 3 日；央视新闻客户端，2023 年 4 月 6 日）

三、加强草原保护修复

草原与森林湿地等共同构成绿色生态安全屏障的主体，是山水林田湖草沙生命共同体的重要组成。弘扬塞罕坝精神，必须加强草原保护修复，增强草原生态系统稳定性和服务功能。一是严格草原禁牧和草畜平衡。科学划定禁牧区，对严重退化、沙化、盐碱化草原和生态脆弱区草原、禁止生产经营活动草原实行禁牧封育；依据牧草生产能力和承载力核定载畜量，对禁牧区以外草原开展草畜平衡。二是加快草原生态修复。轻度退化草原降低人为干扰强度，中度退化草原适度开展植被、土壤等生态修复，重度退化草原通过封育种草改良、黑土滩治理等重建草原植被。三是推行草原休养生息。严格保护大江大河源头等重要生态区位天然草原，把维护国家生态安全、保障草原畜牧业健康发展最基本最重要的草原划定为基本草原，实行严格保护管理。四是推动草原保护和利用双赢。发挥草原的多种功能，在保护好草原生态的基础上，科学利用草原资源大力发展草业，促进草原地区绿色发展和农牧民增收。

图说中国

内蒙古呼伦贝尔草原生态功能区

四川阿坝州红原瓦切国家草原自然公园

四、强化湿地保护修复

湿地在涵养水源、净化水质、蓄洪抗旱、调节气候和维护生物多样性等方面发挥着重要功能，是重要的自然生态系统，也是自然生态空间的重要组成部分。弘扬塞罕坝精神，必须强化湿地保护修复，增强湿地生态功能，保护湿地物种资源。一是全面保护湿地。健全湿地保护体系，优化湿地保护体系空间布局，加强高生态价值湿地保护，逐步提高湿地保护率，形成覆盖面广、连通性强、分级管理的湿地保护体系。二是修复退化湿地。增强湿地生态系统自然修复能力，重点开展生态功能严重退化湿地生态修复和综合治理，加强重大战略区域湿地保护和修复。三是加强湿地管理。建立健全湿地分级管理体系，探索建立湿地破坏预警系统，加强破坏湿地行为督查，开展国际重要湿地、国家重要湿地生态状况、治理成效等专题监测。

📖 知识链接

国际重要湿地

依照《湿地公约》第二条，各缔约国应指定其领土内适当湿地列入《国际重要湿地名录》，并给予充分、有效的保护。截至2023年底，我国境内已指定国际重要湿地82处，其中内地81处，香港1处。总面积764.7万公顷，居世界第四位。

自1992年加入《湿地公约》以来，我国积极应对湿地面积减少、生态功能退化等全球性挑战，"十三五"期间，安排中央投资98.7亿元，实施湿地保护与恢复工程53个，湿地生态效益补偿、退耕还湿、湿地保护与恢复补助项目2000余个，修复退化湿地面积46.74万公顷，新增湿地面积20.26万公顷。会同相关部门实施开展红树林保护修复和互花米草防治专项行动。2022 年，《湿地保护法》施行，我国湿地保护进入法治化轨道新阶段。推进《湿地公约》第十四届缔约方大会成果落地，筹建深圳"国际红树林中心"。

作为全球湿地保护修复的重要参与者、贡献者和引领者，我国将积极履行公约义务，继续加强湿地原真性和完整性保护，实施全国湿地保护规划和湿地保护重大工程，把更多重要湿地纳入自然保护地管理，健全国际交流合作平台。

（来源：国家林业和草原局）

五、推进荒漠化防治

2023 年 6 月，习近平总书记在内蒙古自治区巴彦淖尔市考察，主持召开加强荒漠化综合防治和推进"三北"等重点生态工程建设座谈会并发表重要讲话强调，加强荒漠化综合防治，深入推进"三北"等重点生态工程建设，事关我国生态安全、事关强国建设、事关中华民族永续发展，是一项功在当代、利在千秋的崇高事业。我国推进荒漠化防治工作不断取得新的进展，日前塔克拉玛干沙漠绿色防护带完成合龙，这条世界最长的"绿色围脖"终于织完。人与沙的较量也是精神的对垒。弘扬塞罕坝精神，应认真贯彻落实习近平总书记关于坚持系统观念、突出治理重点、坚持科学治沙、广泛开展国际交流合作等重要指示精神，科学定位，久久为功，在推进荒漠化防治上取得更大成就。一是加强荒漠生态保护。将规划期内暂不具备治理条件以及因保护生态需要不宜开发利用的连片沙化土地，划为沙化土地封禁保护区，实行封禁保护，加强管护站点建设。二是推进荒漠化综合治理。科学规划边疆地区、沙尘源区、江河流域等重要区域防沙治沙，建设全国防沙治沙综合示范区，提升沙尘暴监测预报预警、信息报送、决策指挥、灾情评估等沙尘暴应急监测能力。三是集中发力打好"三北"工程攻坚战。以黄河"几字弯"攻坚战，科尔沁、浑善达克两大沙地歼灭战，河西走廊—塔克拉玛干沙漠边缘阻击战三大标志性战役为主攻方向和核心任务，聚焦重点、难点、卡点，抓住系统治理这一"牛鼻子"，因地制宜、因害设防，分区施策、精准施策，强化全要素保障，确保如期打赢"三北"工程三大标志性战役。

特别关注

勇担使命不畏艰辛久久为功
努力创造新时代中国防沙治沙新奇迹

2023 年 6 月 7 日至 8 日，中共中央总书记、国家主席、中央军委主席习近平在内蒙古考察。

中共中央总书记、国家主席、中央军委主席习近平在内蒙古考察时强调，要牢牢把握党中央对内蒙古的战略定位，完整、准确、全面贯彻新发展理念，紧紧围绕推进高质量发展这个首要任务，以铸牢中华民族共同体意识为主线，坚持发展和安全并重，坚持以生态优先、绿色发展为导向，积极融入和服务构建新发展格局，在建设"两个屏障""两个基地""一个桥头堡"上展现新作为，奋力书写中国式现代化内蒙古新篇章。

习近平指出，筑牢我国北方重要生态安全屏障，是内蒙古必须牢记的"国之大者"。要统筹山水林田湖草沙综合治理，精心组织实施京津风沙源治理、"三北"防护林体系建设等重点工程，加强生态保护红线管理，落实退耕还林、退牧还草、草畜平衡、禁牧休牧，强化天然林保护和水土保持，持之以恒推行草原森林河流湖泊湿地休养生息，加快呼伦湖、乌梁素海、岱海等水生态综合治理，加强荒漠化治理和湿地保护，加强大气、水、土壤污染防治，在祖国北疆构筑起万里绿色长城。要进一步巩固和发展"绿进沙退"的好势头，分类施策、集中力量开展重点地区规模化防沙治沙，不断创新完善治沙模式，提高治沙综合效益。

（来源：新华网，2023 年 6 月 8 日）

六、加强野生动植物保护

我国是生物多样性大国，国家"十四五"规划和 2035 年远景目标纲要明确提出，我国将构筑生物多样性保护网络，加强国家重点保护和珍稀濒危野生动植物及其栖息地的保护修复，守住自然生态的安全边界，促进自然生态系统质量整体改善。塞罕坝良好的生态环境和丰富的物种资源，使其成为珍贵、天然的物种基因库。弘扬塞罕坝精神，要加强野生动植物保护，构建野生动植物保护和监管体系，维护生物多样性和生物安全。一是加强珍稀濒危野生动植物保护。抢救保护珍稀濒危野生动物，划定并严格保护重要栖息地，提升收容救护设施水平，严禁野生动物非法交易和食用；保护繁育珍稀濒危野生植物，构建珍稀濒危野生植物调查监测与评价体系，开展 50 种极小种群野生植物抢救性保护。二是完善生物多样性保护制度。制修订人工繁育、人工培植等管理办法和标准规范，建立多部门信息交流与联合执法机制，严格进出口管理和执法。三是加强外来物种管控。完善预警体系，布局林草外来物种监测站点，健全应急防控指挥和应急处置系统，健全外来物种管控配套法规。

▣ **特别关注**

欢迎回家！2023 年 17 只旅外大熊猫回国

据中国大熊猫保护研究中心消息，2024 年共有 17 只到龄到期大熊猫先后从日本、美国、法国、荷兰、马来西亚、英国、德国等国家返回中国。其中，有 8 只回到成都大熊猫繁育研究基地、北京动物园等单位，9 只回到了中国大熊猫保护研究中心，被安置到都江堰等基地。

（来源：央视新闻客户端，2023 年 12 月 30 日）

七、全面加强林草灾害防控

林草灾害防控事关生态建设成效。防火防虫是塞罕坝永不终止的战斗，人防物防技防相结合的全天候、全方位、立体化火情监控网络，实时监测、精准防治的物联网智能监测站，时刻守护着林海安全。弘扬塞罕坝精神，要以防范化解重大安全风险为主题，加快补齐短板不足，适应和保障生态文明建设需要。一是建设森林草原防灭火一体化体系。林草防火要牢固树立"人民至上、生命至上"理念，全面加强林草火灾预防、扑救、保障三大体系建设，严格落实党政同责、行政首长负责制，提高预警能力，管控野外火源；加强早期火情处理，推进专业队伍建设，健全防火组织体系；提升保障能力，加大基础设施建设，构建全国林草防火标准体系，提升重点区域综合防控水平。二是加强林草有害生物防治。实施松材线虫病疫情防控攻坚行动，实施精准防控和科技攻关"揭榜挂帅"，加强监测管控，严格检疫执法；强化林业重大有害生物防治，推进松毛虫、美国白蛾、天牛等重大林业有害生物区域联防联治和社会化防治，大力推广生物防治、生态调控等绿色防控技术；加强草原有害生物防治，建立健全鼠、蝗虫、草地螟等草原有害生物监测预警站点网络体系，开展草原有害生物治理，推广绿色防控技术。

拓展阅读

《中华人民共和国国民经济和社会发展第十四个五年规划和2035年远景目标纲要》，2021年3月发布。

国务院办公厅，《关于加强草原保护修复的若干意见》，2021年3月印发。

中华人民共和国国务院新闻办公室，《中国的生物多样性保护》白皮书，2021年10月发布。

中共中央办公厅、国务院办公厅，《关于进一步加强生物多样性保护的意见》，2021年10月印发。

全国绿化委员会，《全国国土绿化规划纲要（2022—2030年）》，2022年4月印发。

国家林业和草原局、自然资源部，《全国湿地保护规划（2022—2030年）》，2022年10月印发。

国家林业和草原局、国家发展改革委、财政部、自然资源部、生态环境部、水利部、农业农村部，《全国防沙治沙规划（2021—2030年）》，2022年12月印发。

中共中央办公厅、国务院办公厅，《关于全面加强新形势下森林草原防灭火工作的意见》，2023年4月印发。

第三节　激发治理改革强劲动能

建设生态文明是一场涉及生产方式、生活方式、思维方式和价值观念的革命性变革，技术要求高、见效周期长，离不开深刻的改革创新、稳定的管理体制。塞罕坝机械林场是改革创新的示范者，取得成功贵在严格的制度，成在稳定的体制。党的二十届三中全会发出了进一步全面深化改革、以中国式现代化全面推进强国建设和民族复兴伟业的决策号召。特别是，这次全会对生态文明建设和林草改革发展提出了许多具体要求。林草事业发展要从重点改革、重大制度入手，汲取塞罕坝发展经验，探索释放治理改革的强劲动能。

一、深化重点改革，持续激活林草发展动力

新时代新征程，发展出题目，改革做文章。塞罕坝人的奋斗历程表明，改革是引领林草发展的根本动力，也是破解发展难题的有效途径。弘扬塞罕坝精神，必须继续向全面深化改革要发展动力，精准聚焦建设美丽中国的难点堵点，持续用力、攻坚克难，统筹推进集体林权制度改革、国家公园建设、国有林场改革等各项重大改革任务，因地制宜、因时制宜精准发力。　一是深化集体林权制度改革。放活集体林经营处置权，引导和鼓励经营者实行可持续经营，推动提升集体林质量；发展适度规模经营，有序引导林权流转，推广合作经营机制，培育规模经营主体；创新林权融资模式，完善林权抵押贷款制度，将林权抵押贷款和林业经营主体的贷款纳入金融机构服务乡村振兴考核评估范围，强化激励约束，健全抵押林权快速处置机制。二是深化国有林场改革。巩固拓展国有林场改革成果，守住森林资源安全边界；培育珍贵树种和优良乡土

树种，发展生态旅游、林下经济等绿色低碳产业，推动国有林场绿色转型。三是深化生态保护补偿制度改革。优化生态保护补偿政策，创新生态保护补偿方式，健全分类补偿制度，完善森林效益补偿制度，推进实施草原、湿地生态保护补偿制度。四是探索生态产品价值实现机制。强化生态产品产业规划和路径探索，培育壮大生态农林产业和生态文旅产业，提升公共性生态产品生产供给能力，创新政府购买生态产品的生态补偿模式，将生态产品价值纳入国民经济统计体系，构建支撑生态产品市场配置的生态产品产权、绿色金融与财税政策等保障机制。

特别关注

中共中央办公厅　国务院办公厅印发
《深化集体林权制度改革方案》

2023年9月，中共中央办公厅、国务院办公厅印发《深化集体林权制度改革方案》，并发出通知，要求各地区各部门结合实际认真贯彻落实。

《方案》通篇贯彻了习近平生态文明思想，明确了深化集体林权制度改革的总体要求，提出了加快推进"三权分置"、发展林业适度规模经营、切实加强森林经营、保障林木所有权权能、积极支持产业发展、探索完善生态产品价值实现机制、加大金融支持力度、妥善解决历史遗留问题等8项主要任务，以及组织领导、试点探索、队伍建设、监督考核等4个方面的保障措施。概括起来讲，就是重点围绕"稳、活、融、试"4个字，对深化集体林改作了系统部署。

一是坚持稳字当头。牢牢把握改革方向，稳步深化探索。巩固和完善农村基本经营制度，保持集体林地承包关系稳定并长久不变，让林农真正吃下长效"定心丸"。

二是聚焦激发活力。放活林地经营权，引导林权流转，培育规模经营主体。盘活森林资源资产，畅通林权融资渠道，引入金融活水。完善森林经营管理制度，实施兴林富民行动，让林区焕发出新的生机。

三是突出融合发展。推进森林资源节约集约循环利用，打通生态产品价值实现路径，推动资源管理和产业发展相融相长，实现高质量发展和高水平保护深度融合、绿水青山和金山银山有效转化、生态美和百姓富有机统一。

四是支持先行先试。尊重群众首创精神，鼓励地方和基层积极探索。支持福建、江西、重庆建设深化集体林权制度改革先行区，精耕细作一批改革"试验田"，为面上改革探路子、做示范、立标杆。

（来源：国务院新闻办网站，2023 年 10 月 12 日）

国家林业和草原局启动国有林场试点建设

国家林业和草原局 2023 年 12 月 21 日印发《国有林场试点建设实施方案》，启动国有林场试点建设工作。

试点建设以国有林场主动服务集体林权制度改革、开展森林可持续经营、科学开展大规模国土绿化行动、打好三北工程三大标志性战役、推动种苗高质量发展为重点，聚焦探索国有林场经营性收入分配激励机制，打造一批国有林场试点样板，带动全国国有林场森林质量显著提升、体制机制进一步创新、内生动力不断增强。

《方案》围绕当前重点工作，结合各地林草工作实际，布局打造服务集体林权制度改革试点类型林场 200 个、防沙治沙试点类型林场 100 个、种苗基地试点类型林场 300 个，以点带面，推动形成有序协同的国有林场高质量发展和高水平保护新模式。

《方案》要求，各级林草主管部门要将试点建设作为一项林草重点建设工程项目，纳入当地林草发展规划。积极探索国有林场经营性收入分配激励机制，充分发挥重大项目牵引带动作用，统筹支持试点林场建设，并落实配套政策措施。试点林场要建立健全绩效考核制度，常态化抓好防虫、防火和安全生产监管，慎终如始守住安全生产底线。

《方案》明确，按照合理布局、定期评估、优胜劣汰的原则，对试点建设林场进行动态管理，确保试点建设各项任务落到实处、取得实效。

（来源：国家林业和草原局，2023年12月27日）

二、完善治理体系，持续提升林草治理能力

制度具有管根本、管长远的作用。塞罕坝机械林场始终坚持新发展理念，完善林业体制机制，在"二次创业"新征程上开启燕山—塞罕坝国家公园创建，为事业发展释放更大红利。弘扬塞罕坝精神，要解放思想、转变观念、守正创新，要着力破解制约林草高质量发展的深层次体制机制问题。一是充分发挥林长制引领作用。各级领导干部应当扛起保护发展森林草原资源主体责任，以"关键少数"示范带动"绝大多数"，层层传导压力、层层压实责任，加强森林草原湿地保护监管，坚决守住生态安全边界。二是加快推进以国家公园为主体的自然保护地体系建设。落实国家公园空间布局方案，把自然生态系统中最重要、自然景观最独特、自然遗产最精华、生物多样性最富集的区域划入国家公园；完善自然保护区布局，填补保护空白，优化现有自然保护区边界；将具有

生态、观赏、文化和科学价值的森林、草原、湿地、海洋、沙漠、冰川等自然生态系统、自然遗迹和自然景观区域划入自然公园，发挥自然公园服务科研、教育、游憩的功能；推进国家公园立法，修订自然保护区条例、风景名胜区条例等，完善自然保护地法律法规体系。

▤ 拓展阅读

第一批国家公园

2021 年 10 月 12 日下午，国家主席习近平以视频方式出席《生物多样性公约》第十五次缔约方大会领导人峰会并发表主旨讲话。在讲话中，习近平宣布，中国正式设立三江源、大熊猫、东北虎豹、海南热带雨林、武夷山等第一批国家公园。

三江源国家公园：地处青藏高原腹地，保护面积 19.07 万平方公里，实现了长江、黄河、澜沧江源头整体保护。园内广泛分布冰川雪山、高海拔湿地、荒漠戈壁、高寒草原草甸，生态类型丰富，结构功能完整，是地球第三极青藏高原高寒生态系统大尺度保护的典范。

大熊猫国家公园：跨四川、陕西和甘肃三省，保护面积2.2万平方公里，是野生大熊猫集中分布区和主要繁衍栖息地，保护了全国70%以上的野生大熊猫。园内生物多样性十分丰富，具有独特的自然文化景观，是生物多样性保护示范区、生态价值实现先行区和世界生态教育样板。

东北虎豹国家公园：跨吉林、黑龙江两省，与俄罗斯、朝鲜毗邻，保护面积1.41万平方公里，分布着我国境内规模最大、唯一具有繁殖家族的野生东北虎、东北豹种群。园内植被类型多样，生态结构相对完整，是温带森林生态系统的典型代表，成为跨境合作保护野生动植物的典范。

海南热带雨林国家公园：位于海南岛中部，保护面积4269平

方公里，保存了我国最完整、最多样的大陆性岛屿型热带雨林。这里是全球最濒危的灵长类动物——海南长臂猿唯一分布地，是热带生物多样性和遗传资源的宝库，成为岛屿型热带雨林珍贵自然资源传承和生物多样性保护典范。

武夷山国家公园：跨福建、江西两省，保护面积1280平方公里，分布有全球同纬度最完整、面积最大的中亚热带原生性常绿阔叶林生态系统，是我国东南部地区动植物宝库。武夷山有着无与伦比的生态人文资源，拥有世界文化和自然"双遗产"，是文化和自然世代传承、人与自然和谐共生的典范。

2023 年 8 月，中央广播电视总台与国家林业和草原局合作创作纪录片
《国家公园：万物共生之境》（来源：中央广播电视总台央视新闻）

国家植物园体系

2021 年 10 月，中国在联合国《生物多样性公约》第十五次缔约方大会领导人峰会上宣布，启动北京、广州等国家植物园体系建设。2021 年 12 月，国务院批复同意在北京设立国家植物园。

国家植物园：2022 年 4 月 18 日，我国首个国家植物园在北京正式揭牌，承载国家生物多样性保护重任，同时，国家植物园体系将成为拯救万千物种免于灭绝的诺亚方舟。国家植物园是在中国科学院植物研究所（南园）和北京市植物园（北园）现有条件的基础上，经过扩容增效有机整合而成，总规划面积近 600 公顷。目前园内已收集各类植物 1.5 万余种，迁地保护水杉、珙桐等珍稀濒危植物近千种；拥有亚洲最大的植物标本馆。

华南国家植物园：2022 年 7 月 11 日，华南国家植物园在广东省广州市正式揭牌。至此，我国已一北一南设立并揭牌运行两个

国家植物园，国家植物园体系建设迈出坚实步伐。华南国家植物园依托中国科学院华南植物园设立，规划总面积319公顷，统筹优化科研区、专类展示区和技术推广平台。建有38个专类园，迁地保育植物17168个分类群，在迁地保护方面已涵盖华南地区各植物类型。

（来源：国家林业和草原局）

第四节　夯实高质量发展保障之基

高质量发展是新时代的硬道理。塞罕坝机械林场紧扣推动高质量发展主题，牵住科技创新这一引领发展的"牛鼻子"，忠诚履职尽责，主动担当作为，上下齐心，持续巩固生态稳定、民生发展的良好局面。弘扬塞罕坝精神，推动林草事业高质量发展，要找准定位、明确方向，充分发挥科技创新的内生动力，推动构建高素质干部队伍，加快形成全民行动体系，进一步夯实推动事业发展的基础。

一、拓宽科技驱动之路

塞罕坝机械林场的发展史，也是一部科技兴林史。进入新时代，科技创新更加成为一个关键变量，习近平总书记明确指出，"整合科技创新资源，引领发展战略性新兴产业和未来产业，加快形成新质生产力。"① 发展林草事业要始终坚持敢破敢立、敢闯敢试的创新精神，认清科技创新驱动林草事业高质量发展的核心地位，发挥科技引领带动作用，将科技创新摆在战略位置、突出位置、优先位置，在创新中实现突破，全力构建绿色高质量发展新格局。一是不断完善林草科技创新支撑服务体系。聚焦林草领域急需解决的关键现实问题和技术瓶颈，实施草种优良品种选育、油茶采收机械研发、松材线虫病防控、森林雷击火防控等重大科技项目揭榜挂帅和"赛马"机制；聚力关键技术，锚定精准育种、木本油料树种生产、林业种质资源培育、典型脆弱生态系统保护与修复、有害生物防治等领域，进行原创性引领性科技攻关；拓宽成果

① 《牢牢把握在国家发展大局中的战略定位　奋力开创黑龙江高质量发展新局面》，《人民日报》2023 年 9 月 9 日。

转化渠道，加强科技成果转化模式研究，壮大科技特派员、林草乡土专家队伍，破解林草科技成果转化率低、产学研深度融合不足等瓶颈，畅通科技成果转移转化"最后一公里"。二是充分发挥林草科技创新引领作用。为精准提升森林质量提供科技引领，以经营技术为突破口，以实现森林可持续利用为目标，综合考虑森林资源的生态、经济和社会价值，合理确定经营目标和具体措施，科学开展绿色防治，精准提升森林质量；为提升生态系统固碳能力提供科技引领，加强林草碳汇计量监测体系建设，推进林草生态系统"天地空"一体化碳汇数据监测与共享，研究建立林草碳汇多元化补偿制度，做到精准到位、精准到数、精准到价、精准到策；为建设生态感知系统提供科技引领。加快研究建立林草大数据体系，对资源监测数据和防灾应急数据集成开发，形成林草资源"图、库、数"及智慧应用，支撑重点领域动态监测、智慧监管和灾害预警。

特别关注

2022 年林草科技十大进展

中国林学会、国家林业和草原局科技司评选出 2022 年林草科技十大进展：

1. 破译油茶基因密码，助力油茶分子设计育种；

2. 菌草综合利用技术取得重要突破；

3. 绘制落叶松基因组图谱，解析木材品质形成机制；

4. 揭示天然木材室温磷光发射效应及其调控机制；

5. 揭示兰花异养分子机制，推动兰花种业创新；

6. 破译复杂超大千年香榧基因组；

7. 攻克竹材高值化加工技术，促进"以竹代塑"；

8.构建了黄土高原生态修复协同发展模式；

9.揭示杨树基因组功能元件适应性演化机制；

10.开发了生物质气化多联产绿色制氢新技术。

二、巩固担当作为之本

忠诚干净担当的好干部队伍，是执政之基，是贯彻落实党的路线方针政策的有生力量，是确保执政基础稳定的最重要保障。塞罕坝机械林场之所以能取得如此成绩，究其根本原因是拥有一支勇挑重担、肯于吃苦、善于创新的干部职工队伍。党的二十大报告提出，"必须有一支政治过硬、适应新时代要求、具备领导现代化建设能力的干部队伍"。这为建设堪当重任的高素质干部队伍指明了方向。弘扬塞罕坝精神，要善于学习塞罕坝人勇于担当、善于作为的精神内核，加强干部能力建设，培养一批堪当生态文明建设重任的林草干部，为林草事业提供坚强组织领导和队伍保障。一是以强素质筑牢干部队伍执政根基。着力提升政治素质，深刻领悟"两个确立"的决定性意义，增强"四个意识"、坚定"四个自信"、做到"两个维护"，不断提高政治判断力、政治领悟力、政治执行力；着力强化责任意识，勇于担当、善于作为、求真务实，在敢干事、愿干事、想干事中增强本领、提升能力，把责任扛在肩上，把群众放在心上，把发展抓在手上，知难而进，迎难而上；着力锤炼实干精神，通过基层一线锻炼、专业岗位挂职、专项工作历练等方式，切实加强实践锻炼，在改革攻坚、乡村振兴、灾害防治等矛盾多、任务重、困难大的吃劲岗位检验干部成色；着力锻造优良作风，落实全面从严治党要求，守纪律、讲规矩，严守法律红线，始终保持勤俭节约、艰苦创业的光荣传统，永葆共产党人的清廉作风。二是以提能力奠定干部队伍担当之本。林草事业发展有其特定的能力本领要求：辩证思维能力，自觉运用唯物辩证方法分析问题和解决问题，提高洞察事物发展规律的能力；系统规划能力，以大视野、大格局、大空间抓实抓好林草湿沙资源规划工作；建章立制能力，坚持把完善制度体系作为林草发展的坚实保障；引领示范能力，发挥先行探路、辐射带动作用，在塞罕坝精神示范引领下推进事业全面发展；督查把控能力，从政治全局上观大势、定大局、谋大事，不断提高资源督查工作质量；创新集成能力，依靠多领域、多地区和多要素创新合力，形成"1+1>2"的集成效应；贯彻到底能力，用愚公移山、水滴石穿的韧劲，持续发扬钉钉子精神，将生态文明事业进行到底；激励约束能力，坚持严管与厚爱结合，激励与约束并重，充分调动干部积极性主动性创造性。

📖 拓展阅读

　　让愿担当、敢担当、善担当蔚然成风（中共山东省委党校〈山东行政学院〉副校〈院〉长殷玉平）：担当作为，是深刻领悟"两个确立"的决定性意义、做到"两个维护"的重要体现，是贯彻党的路线方针政策和党中央重要决策部署，践行党的初心使命，敢于直面各种矛盾、困难和问题，攻坚克难、善作善成的干部综合素质能力的集中体现。新时代新征程，要建立健全干部担当作为的激励和保护机制，完善和落实各项措施，让愿担当、敢担当、善担当蔚然成风，为全面建成社会主义现代化强国、实现第二个百年奋斗目标，以中国式现代化全面推进中华民族伟大复兴提供重要组织保障。

　　　　　　　　　　　　　　（来源：《红旗文稿》，2023 年第 2 期）

三、汇集全民行动之力

塞罕坝精神是全民行动、全民参与、全民共享的人民性活动的生动体现。2023 年习近平总书记在首个全国生态日之际作出重要指示强调：生态文明建设是关系中华民族永续发展的根本大计，是关系党的使命宗旨的重大政治问题，是关系民生福祉的重大社会问题。总书记希望全社会行动起来，做"绿水青山就是金山银山"理念的积极传播者和模范践行者，身体力行、久久为功，为共建清洁美丽世界作出更大贡献。弘扬塞罕坝精神，要贯彻落实习近平总书记重要指示，发挥塞罕坝精神凝聚人心、形成生态共识的重要作用，推动构建生态文明建设全民行动体系，引导全社会牢固树立生态文明价值观念和行为准则，形成人人关心、支持、参与生态文明建设的局面。一是深入学习宣传习近平生态文明思想。习近平生态文明思想是以习近平同志为核心的党中央治国理政实践创新和理论创新在生态文明建设领域的集中体现，高高举起了新时代生态文明建设的思想旗帜，为我国生态文明建设提供了根本遵循和行动指南。弘扬塞罕坝精神，要深入学习宣传贯彻习近平生态文明思想，以习近平生态文明思想为指导，扎实推动美丽中国建设。二是创新生态文明宣传方式方法。针对不同群体特征制定差异化宣传引导策略，在运用传统有效手段的同时，积极运用信息革命成果，构建网上网下同心圆。紧扣全国生态日、生物多样性日、全国低碳日、六五环境日等重要节点，围绕大力弘扬塞罕坝精神等要求，充分利用国家公园、森林公园、各类自然保护地等进行生态文明普及和体验，及时向公众传递我国生态文明建设成效，主动回应社会关切，凝聚社会共识。三是培育和弘扬生态文化。生态文化对推进生态文明建设产生了"润物细无声"的深远影响。要把习近平文化思想贯彻落实到生态文化培育弘扬的各方面和全过程，要坚持以文化人，推进生态文化产品价值实现，促进生态文学作品创造性转化，促进新时代生态文化繁荣发展，以春风化雨的方式让生态文明理念进一步深入人心，为推进生态文明建设发挥引领和支撑作用。

📑 特别关注

全国生态日

2023 年 6 月 28 日，十四届全国人大常委会第三次会议决定：将 8 月 15 日设立为全国生态日。国家通过多种形式开展生态文明宣传教育活动。

习近平同志在浙江工作期间，2005 年 8 月 15 日考察湖州市安吉县，首次提出"绿水青山就是金山银山"科学论断。这一论断是习近平生态文明思想的核心理念。将 8 月 15 日设立为全国生态日，比较符合确定纪念日、活动日时间的基本原则，能够充分体现首创性、标志性、独特性。

设立全国生态日，有利于更好学习宣传贯彻习近平生态文明思想，提高全社会生态文明意识，增强全民生态环境保护的思想自觉和行动自觉，以钉钉子精神推动生态文明建设不断取得新成效。

在首个全国生态日到来之际，中共中央总书记、国家主席、中央军委主席习近平作出重要指示强调，生态文明建设是关系中华民族永续发展的根本大计，是关系党的使命宗旨的重大政治问题，是关系民生福祉的重大社会问题。在全面建设社会主义现代化国家新征程上，要保持加强生态文明建设的战略定力，注重同步推进高质量发展和高水平保护，以"双碳"工作为引领，推动能耗双控逐步转向碳排放双控，持续推进生产方式和生活方式绿色低碳转型，加快推进人与自然和谐共生的现代化，全面推进美丽中国建设。

（来源：新华社，2023 年 8 月 15 日）

拓展阅读

培育生态文化　支撑生态文明（《学习时报》）：生态文明建设是功在当代利在千秋的伟业。我们必须通过培育系统的生态文化不断提升生态文明水平。生态文化作为促进生态文明建设的理念创新、制度规约、行为典范和物质文化，并通过教化、规制、示范、样板等进行生态文化培育，旨在为推进生态文明建设提供系统的理念文化、制度文化、行为文化和物质文化支撑。

第五节　深化党建引领核心效能

办好中国的事情，关键在党。这是我们党在百余年历史中得出的一个基本结论。在塞罕坝亦是如此，塞罕坝精神是党建引领的典范，是党领导广大人民开展生态建设的精神结晶。长期以来，我们党把坚持党的领导作为抓好事业的根本前提，把加强党的建设作为推动事业的根本保证，使党和国家各项事业始终保持正确发展方向和强大发展动力，不断从胜利走向胜利。提高党的建设质量也是高质量发展的题中应有之义和有机组成部分。塞罕坝精神深刻启示，推进生态文明伟大事业，要强化党建引领，把党的政治优势、组织优势、密切联系群众优势转化为强大的发展优势。

一、强化党的政治引领

旗帜鲜明讲政治是我们党作为马克思主义政党的根本要求。党的政治引领是塞罕坝人践行初心使命的根本保证。塞罕坝机械林场在中国共产党人勇于偿还生态欠账的历史重任中应势而生，听党话、跟党走，把党交给的工作做好始终是塞罕坝人坚守的政治生命和政治信念。弘扬塞罕坝精神，要强化政治引领，确保党的全面领导和党中央集中统一领导落地落实，充分发挥党推动经济社会发展的强大政治优势。一是要深刻领悟"两个确立"的决定性意义，增强"四个意识"、坚定"四个自信"、做到"两个维护"，作为发挥政治引领作用的重中之重，切实把思想和行动统一到习近平总书记重要讲话精神和党中央决策部署上来。二是要充分发挥党总揽全局、协调各方的领导核心作用，把党的领导落实到国家治理各领域各方面各环节，健全总揽全局、协调各方的党的领导制度体系，完善党的领导方式和执政方式，提高党的执政能力和领导水平，不断提高党把方向、谋大局、定政策、促改革的能力和定力。三是要增强政治意识，把握政治大局，善于从政治上看问题，善于把握政治方向，锻造坚强政治能力，不断提高政治判断力、政治领悟力、政治执行力，在事关党的重大政治问题面前坚守原则，在大是大非面前坚定立场，在急难险重任务面前勇挑重担。

二、强化党的思想引领

"思想走在行动之前，就像闪电走在雷鸣之前"。始终高擎森林经营、绿色发展等科学理论的光辉旗帜，始终赢得人民群众的高度认同，既是塞罕坝机械林场走在时代前列的必然选择，也是其拥有强大思想引领力的鲜明体现。增强思想引领力是马克思主义政党建设的本质要求。

弘扬塞罕坝精神，要强化思想引领，把党的思想引领力建设摆在重要位置，有效发挥党的科学理论实践伟力，使经济社会发展在科学轨道上向前推进。习近平新时代中国特色社会主义思想是我们改造世界的强大思想武器，是我们破解难题、推动高质量发展的科学行动指南。一方面，要充分发挥党的创新理论引领作用，坚持不懈用习近平新时代中国特色社会主义思想凝心铸魂，用马克思主义中国化最新成果武装全党，按照学懂弄通做实的要求，常学常新，不断提高理论思维能力和思想政治水平，在强化理论武装中凝聚价值"公约数"。另一方面，要在实践基础上不断推进理论创新，深入贯彻落实习近平总书记重要指示批示精神，围绕我国各行各业事业发展和党治国理政面临的重大现实问题、美丽中国建设和生态文明建设的重大实际问题、人民群众关心关注的热点难点问题，以习近平生态文明思想为指引，持续拓展理论新视野、作出理论新概括，积极引领生态文明事业发展，在推进理论创新中把准时代"方向盘"。

三、强化党的组织引领

党政军民学，东西南北中，党是领导一切的。截至 2023 年底，中国共产党党员总数为 9900 多万名，党的基层组织 500 多万个，历经百年风雨和新时代 10 多年革命性锻造，中国共产党更加坚强有力、更加充满活力，党的组织体系日益严密，党的执政根基不断巩固。塞罕坝就是党的强大组织引领的深刻体现，历届领导班子核心作用的充分发挥和干部职工"一代接着一代干"的不懈奋斗，共同铸就了伟大的塞罕坝精神。弘扬塞罕坝精神，要发挥党的组织引领作用，贯彻落实新时代党的组织路线，开创党的组织建设新局面。一是把党的各级组织建强，形成形神兼备、上下贯通、执行有力的党组织体系，把组织网络挺立在急难险重任务一线，充分发挥各级党组织战斗堡垒作用，为增强党的创造力、凝聚力、战斗力提供了重要保证。二是把党的各级队伍建优，从选、育、管、用等环节建立健全党员干部全链条式培养体系，注重发挥党员个体的先锋模范作用，以实干苦干创造业绩、增强底气，把各方面的干劲带动起来，发扬历史主动精神，切实把党中央决策部署落到实处。三是把党的各项制度健全，紧贴实际把学习讨论、承诺践诺、组织生活会、民主评议党员等落实到位，立足自身解决思想、组织、作风、纪律等方面存在的矛盾问题，增强广大党员自我净化提高的能力。

▤ 拓展阅读

中国共产党党员队伍继续发展壮大

中共中央组织部《中国共产党党内统计公报》显示，截至 2023 年 12 月 31 日，中国共产党党员总数为 9918.5 万名，比 2022 年底净增 114.4 万名，增幅为 1.2%。中国共产党现有基层组织 517.6 万个，比 2022 年底净增 11.1 万个，增幅为 2.2%。其中，基层党委 29.8 万个，总支部 32.5 万个，支部 455.4 万个。

（来源：《人民日报》，2024 年 7 月 1 日）

四、强化党的自我革命

勇于自我革命是我们党跳出治乱兴衰历史周期率的第二个答案。塞罕坝地处偏僻，过去条件十分艰苦，交通、通信也不发达，把这样一份事业经营到今天，更多时候是靠一任任领导班子狠抓干部队伍作风、切实加强自身建设的事业心、责任感，是靠领导干部加强组织纪律性、坚决抵制各种腐败诱惑的强烈自我革命精神。也正是通过这种强有力的严格管理、自我革命，培养出一个个先进人物、一批批优秀代表。党的十八大以来，以习近平同志为核心的党中央以前所未有的决心力度推进全面从严治党，始终以严的基调、严的措施、严的氛围强化政治监督、正风肃纪反腐，不断推进党的自我革命。弘扬塞罕坝精神，要一刻不停推进全面从严治党，把党的伟大自我革命进行到底。一是深刻领悟习近平总书记关于党的自我革命重要思想的精髓要义，深刻把握贯穿其中的重大创新观点、科学方法和重要战略部署，落实好"九个以"的实践要求，坚持解放思想、实事求是、与时俱进、守正创新，不断进行实践探索和理论创新，不断深化对党的自我革命的规律性认识，把党的自我革命的思路举措抓严抓密，把每条战线、每个环节的自我革命抓具体、抓深入。二是坚持用改革精神和严的标准管党治党，坚决打好反腐败斗争攻坚战、持久战、总体战。反腐败是最彻底的自我革命。要聚焦"国之大者"，坚定不移正风肃纪，以永远在路上的坚韧执着深入推进反腐败斗争，把反腐败与防风险结合起来推进，坚定稳妥防范化解重大风险。要完善从严管理监督干部的长效机制，建立正风肃纪的常态化制度，将"不敢腐"的震慑力、"不能腐"的约束力和"不想腐"的感召力有机结合，推动党风廉政建设和反腐败斗争向纵深发展。三是打铁必须自身硬。正人先正己，领导干部必须将遵规守纪内化于心、外化于行，成为党风廉政建设的表率，做到抵得住诱惑、管得住行为、守得住清白。始终牢记"三个务必"，在原则问题上不讲情面，在处理问题上严肃果断，做到权责对等、失责必问，层层传导压力，确保主体责任落实到位，以责任落实推进全面从严治党走深走实。

参考文献

中共中央马克思恩格斯列宁斯大林著作编译局译：《马克思1844年经济学哲学手稿》，人民出版社2000年版。

《毛泽东文集》第六卷，人民出版社1999年版。

《习近平著作选读》第二卷，人民出版社2023年版。

《习近平谈治国理政》第四卷，外文出版社2022年版。

《习近平关于全面建成小康社会论述摘编》，中央文献出版社2016年版。

习近平：《在纪念红军长征胜利80周年大会上的讲话》，人民出版社2016年版。

《习近平关于社会主义生态文明建设论述摘编》，中央文献出版社2017年版。

习近平：《论坚持推动构建人类命运共同体》，中央文献出版社2018年版。

《习近平关于"不忘初心、牢记使命"论述摘编》，党建读物出版社、中央文献出版社2019年版。

习近平：《在"不忘初心、牢记使命"主题教育工作会议上的讲话》，《求是》2019年第13期。

习近平：《在第十三届全国人民代表大会第一次会议上的讲话》，《求是》

2020 年第 10 期。

中共中央宣传部、中华人民共和国生态环境部：《习近平生态文明思想学习纲要》，学习出版社、人民出版社 2022 年版。

中共中央文献研究室编：《十六大以来重要文献选编》（上），中央文献出版社 2005 年版。

戴建兵、姚志军：《塞罕坝精神：中国共产党革命精神系列读本》，中共党史出版社 2020 年版。

封捷然：《塞罕坝之魂》，河北美术出版社 2021 年版。

张树珊：《塞罕劲风》，中国言实出版社 2021 年版。

国家林业局：《中国林业五十年（1949—1999）》，中国林业出版社 1999 年版。

程宝栋、李芳芳、李慧娟等：《书写"一带一路"的中国林业故事》，《绿色中国》2022 年第 9 期。

崔强、张宁、邹广泽：《以抗疫精神涵育时代新人的现实路径》，《高校辅导员学刊》2022 年第 4 期。

关志鸥：《弘扬塞罕坝精神　推进生态文明建设》，《河北林业》2021 年第 9 期。

侯彦杰、邢瑜辉：《新时代塞罕坝精神内涵之解析》，《知与行》2019 年第 3 期。

黄承梁：《中国共产党领导新中国 70 年生态文明建设历程》，《党的文献》2019 年第 5 期。

李效东、樊红敏：《塞罕坝精神与承德绿色发展模式》，《河北民族师范学院学报》2018 年第 3 期。

林业和草原改革发展司：《深化林草改革　推动林草产业高质量发展》，《中国林业产业》2022 年第 10 期。

刘燕:《论塞罕坝精神的深刻内涵、鲜明特色和时代价值》,《观察与思考》2022 年第 6 期。

刘毅:《弘扬塞罕坝精神　推进生态文明建设》,《奋斗》2023 年第 2 期。

刘志博、李奎、白登忠:《塞罕坝精神的理论内涵与时代价值》,《林草政策研究》2021 年第 4 期。

沈国舫:《学习推广好塞罕坝林场经验》,《共产党员(河北)》2017 年第 18 期。

王栋亮、魏沧波:《论"塞罕坝精神"筑基中国梦的基本路径》,《河北旅游职业学院学报》2019 年第 1 期。

王海、唐雯:《塞罕坝精神:建设美丽中国的磅礴动力》,《共产党员(河北)》2017 年第 19 期。

王宏德、魏沧波:《中华优秀传统文化视域下的塞罕坝精神诠释》,《河北民族师范学院学报》2019 年第 3 期。

王宁、王刚:《关于塞罕坝精神与中国共产党人精神谱系的关系研究》,《中共石家庄市委党校学报》2022 年第 3 期。

王鹏、何友均、王登举等:《山水林田湖草沙一体化保护和系统治理成效及其问题应对》,《林业科技通讯》2022 年第 10 期。

魏沧波、姜旭、王宏德:《党性视域下的"塞罕坝精神"探析》,《河北旅游职业学院学报》2022 年第 2 期。

习近平生态文明思想研究中心:《"2022 年深入学习贯彻习近平生态文明思想研讨会"发言摘登》,《求是》2023 年第 2 期。

张赓:《中国参与全球气候治理的角色演变与路径优化》,《中南林业科技大学学报(社会科学版)》2023 年第 2 期。

张钛仁、张明伟、蒋建莹:《近 60 年北京地区沙尘天气变化及路径分析》,《高原气象》2012 年第 2 期。

高嘉：《山西省直林区林草产业发展思考与研究》，《山西林业》2023 年第 1 期。

安巧珍、武娜娜：《塞罕坝精神对世界生态文明建设的重要意义》，《中国社会科学报》2022 年 8 月 3 日。

方世南：《增进生态环境民生福祉的内涵、价值与路径》，《中国环境报》2020 年 12 月 21 日。

张士霞：《大力弘扬生态文化　共同建设美丽中国》，《中国环境报》2023 年 11 月 10 日。

《全社会都做生态文明建设的实践者推动者　让祖国天更蓝山更绿水更清生态环境更美好》，《人民日报》2022 年 3 月 31 日。

《牢牢把握在国家发展大局中的战略定位　奋力开创黑龙江高质量发展新局面》，《人民日报》2023 年 9 月 9 日。

《讲好中国故事　传播好中国声音》，人民网—理论频道，2022 年 6 月 17 日，http://theory.people.com.cn/n1/2022/0617/c4053132449035.html。

孙壮志：《坚持走多边主义道路》，人民网，2020 年 11 月 15 日，http://world.people.com.cn/n1/2020/1105/c100231919473.html。

《中共中央关于党的百年奋斗重大成就和历史经验的决议》，新华社，2021 年 11 月 8 日，https://www.gov.cn/zhengce/2021/11/16/content_5651269.htm。

《从塞罕坝到碳中和：数看美丽中国的绿色底色》，新华网，2021 年 9 月 22 日，http://www.xinhuanet.com/datanews/20211015/C99905852C4000011ED-81B7F16B31FC7/c.html。

《习近平提出，推动绿色发展，促进人与自然和谐共生》，新华网，2022 年 10 月 16 日，http://www.news.cn/2022-10/16/c_1129066870.htm。

责任编辑：宰艳红

文字编辑：靳康康

封面设计：王欢欢

版式设计：严淑芬

图书在版编目（CIP）数据

不负青山不负人 ：学习践行塞罕坝精神 ／ 国家林业和草原局
管理干部学院编著 . ── 北京 ： 人民出版社，2025. 6（2025. 7 重印）.
ISBN 978 − 7 − 01 − 027205 − 4

Ⅰ. D64

中国国家版本馆 CIP 数据核字第 20259X3A76 号

不负青山不负人

BUFU QINGSHAN BUFU REN

——学习践行塞罕坝精神

国家林业和草原局管理干部学院　编著

人民出版社 出版发行

（100706　北京市东城区隆福寺街 99 号）

北京新华印刷有限公司印刷　新华书店经销

2025 年 6 月第 1 版　2025 年 7 月北京第 2 次印刷

开本：710 毫米 ×1000 毫米 1/16　印张：16.75

字数：210 千字

ISBN 978 − 7 − 01 − 027205 − 4　定价：80.00 元

邮购地址 100706　北京市东城区隆福寺街 99 号

人民东方图书销售中心　电话（010）65250042　65289539